JN066115

「お中元」の文化とマーケティング

百貨店と消費文化の関係性

島永嵩子——著

同文舘出版

はしがき

　本書は，2001年に神戸大学大学院経営学研究科に提出した博士論文をベースとしている。当初は，博士論文を加筆修正したものを出版する予定であったが，すでに20年近く長い年月が経過しており，流通業を含め，社会全体の環境が様変わりした。そのため，すべての章の構成や内容を一新することになった。

　この約20年で最も大きく変化したのは，インターネットの普及に伴い，Ｅコマースが急速に進展したことである。これまで消費文化や消費者のライフスタイルを先取りしながら，消費社会をけん引してきた百貨店は，社会での存在感が年々後退し，各地での閉店が余儀なくされている。さらに，それに追い打ちをかけるように，コロナ禍で百貨店から消費者の足がますます遠のくようになった。アフターコロナの社会で消費文化と百貨店の関係性が改めて問われる際に，これまで両者が辿ってきた相互作用のプロセスが豊富な示唆をなすものと考える。すなわち，文化を所与ないし固定的に扱うのではなく，百貨店のさまざまな意図と消費者による消費の実践との相互作用の中で消費文化を捉え直すのである。それによって，消費文化は，消費が実践される過程でそのつど構築されていくものであるという視点がみえてくるであろう。百貨店業態固有の文化機能がその過程で大きな影響を与えてきたことが浮き彫りとなれば，今後の百貨店の存在意義や目指す方向性を考えるうえで大きなヒントになるのではないかと考える。このことを明らかにすることが，本書の狙いでもある。

　本書を上梓するにあたっては多くの方々のご指導を賜った。この場を借りて，お礼の言葉を申し上げたい。

　まず，神戸大学大学院の恩師であり，研究者の道へと導いてくださった石井淳蔵先生に感謝申し上げたい。在学中だけでなく，教員になった今でも，多くのご指導をいただいている。石井先生にはどんなにお礼の言葉を述べても感謝しきれない。博士論文執筆にあたっては，吉田順一先生と黄

磷先生からも有益な示唆をいただいた。大津正和先生にも多くの時間を割いてご指導と暖かい励ましをいただいた。記して深く感謝の意を申し上げたい。

阪急百貨店うめだ本店，大丸神戸店の関係者には，資料の提供だけでなく，長時間のインタビューに応じていただいた。そのおかげで，百貨店の文化的機能について貴重な示唆を得ることができた。ここに記してお礼申し上げたい。

2014年9月から1年間，関西学院大学商学研究科に客員研究員として在籍した際にお世話になった川端基夫先生に感謝の意を申し上げたい。本書の構想にあたって貴重なご示唆をいただいた。

また，大学院時代には，栗木契先生，川上智子先生，廣田章光先生，清水信年先生をはじめ，石井ゼミの学兄にも恵まれ，たくさんの刺激を受け，学ばせていただいた。私の人生でのかけがえのない財産となった。一人ひとりのお名前を挙げることはできないが，これまでお世話になったすべての方々に心より謝意を申し上げたい。

さらに，勤務先である神戸学院大学経営学部では，多くの同僚から日ごろから暖かいご支援をいただいている。初代学部長角野信夫先生には公私にわたり，大変お世話になった。現学部長松田裕之先生をはじめ，塩出省吾先生，田中康介先生，辻幸恵先生など経営学部の先生方には，いつも励ましの声をかけていただいている。記して感謝したい。

本書の刊行にあたって，同文舘出版編集局の青柳裕之氏には，格別なご配慮とご尽力をいただいた。青柳氏の配慮に満ちた温かいお力添えがあってのものと心から感謝申し上げる。

最後に私事になり恐縮ではあるが，いつも陰ながら全力でサポートしてくれている，心の拠り所でもある家族の皆様に感謝の意を伝えたい。

2021年1月

島永　嵩子

初出一覧

　本書の元となった論文などの初出は以下の通りである。ただし，大幅な加筆修正が施されている。

第1章：書き下ろし。

第2章：「『中元』という文化装置—文化の視点からの歴史的研究」神戸大学経営学研究科博士学位論文，2001年，pp.21-30。

第3章：「百貨店における文化催事の役割—阪急百貨店のケースを中心に」『神戸学院大学経営学論集』，2005年，2（1），pp.23-37。

第3章：「売場の自主編集による百貨店の業態イノベーション」『神戸学院大学経営学論集』，2017年，14（1），pp.89-101。

第4章：「文化的"イメージ・ゲートキーパー"としての百貨店—明治・大正期における中元ギフトの歴史的考察を通じて」『神戸学院大学経営学論集』，2006年，3（1），pp.55-71。

第5章：「百貨店の中元贈答に関する広告戦略—三越を対象とした新聞広告の内容分析ー」『神戸学院大学経営学論集』，2018年，14（2），pp.69-84。

第6章：「『中元』という文化装置—文化の視点からの歴史的研究」神戸大学経営学研究科博士学位論文，2001年，pp.77-85。

第7章：「雑誌『主婦の友』からみる中元言説の形成プロセス」『神戸学院大学経営学論集』，2019年，15（2），pp.17-27。

第8章：「中元文化をめぐる言説の変容：新聞記事のテキストマイニングを通じて」『日本経営システム学会全国大会講演論文集』，2019年，63，pp.38-41。

第9章：書き下ろし。

「お中元」の文化とマーケティング

―百貨店と消費文化の関係性―

序章

問題意識と本書の構成

本書は，消費文化とマーケティングとの関係性について理論的かつ実証的に明らかにすることを目的とする。消費文化は，自明のものとして消費の外部にあるものではなく，内部にあらかじめ存在するものでもなく，消費が実践される過程でそのつど構築されていくものである。この現象を明らかにするために，消費文化において社会の構成員たる人々に共有されている価値観の変化や消費パターンの変容プロセスに焦点を当てることにする。

　具体的には，本書は，日本独自の消費文化である「お中元」の文化（以下，中元文化と略す）を研究対象として取り上げる。中元市場において，中元文化をめぐる消費パターンは社会においてどのように成立，変容し，その過程でマーケティングがどのように介在してきたのであろうか。本書では，こうした問題意識の下で，消費文化の視点から中元文化の構造変化について明らかにする。

　中元は，日本の年中行事でも重要な儀礼的贈答の文化として広く一般に定着し，消費者によって実践されている。こうした長年の習慣や慣行は，企業にとって，利益を獲得する絶好の機会といえる。ギフト市場においては，とりわけ消費者に百貨店を選好する傾向がみられる。

　周知のように，百貨店業界における近年の経営環境は年々厳しくなっている。しかしながら，業態としての百貨店はおそらく今後も重要な小売業として存立していくものと考えられる。ここには，百貨店特有の何らかの機能があるものと推測される。

　一般に，日本における儀礼的贈答文化の代表例として，大きく中元（6月〜7月）と歳暮（11月〜12月）がある。このうち，歳暮は中元に比べて，クリスマスや歳末，正月といった多くのイベントや行事と時期的に重なる。このため，年末のイベント・シーズンを考察対象とした場合，他のイベントや行事と切り離して，歳暮のみを抽出することは難しい。これに比べると，中元シーズンは，ほかに大きな年中行事やイベントがないため，考察対象として適しているといえる。そこで，本書では中元を考察対象とする。

　本書の構成は以下の通りである。

　第1章は，消費文化に関連する理論的枠組みを論じる。具体的には，主たる消費者行動研究学説をレビューしたうえで，本書で研究枠組みとして用いる消費文化理論に関連する研究を取り上げ，研究視座を得る。

　第2章では，キーコンセプトとしての文化の概念を検討し，それに関連するカルチュラル・スタディーズの方法論や贈答（ギフト・ギビング）文化に関する既存研究，および中元贈答文化とは何かについてその概要を確認する。

　第3章では，本書の研究対象である百貨店を取り上げ，百貨店を取り巻く現状やそのビジネスモデル，および文化的機能について明らかにする。

　第4章から第8章では，前述の理論的枠組みの視点から，実証研究を行い，その理論モデルの適合性を確認する。

　第4章では，第二次世界大戦前における百貨店のPR誌を考察の対象として，戦前における中元文化の形成と百貨店の関係性を分析する。

　第5章では，第二次世界大戦後から現在に至るまで百貨店が実施した中元に関する新聞広告を取り上げ，その内容分析を行う。

　第6章では，百貨店の中元カタログに依拠して，カタログに記載された内容の経時的な変化を分析する。

　第7章では，1917（大正6）年に創刊され，一般家庭の主婦が社会生活に適応していくための指南役として位置づけられた雑誌『主婦の友』を考察対象として，中元文化をめぐる言説の形成プロセスを明らかにする。

　第8章では，朝日新聞および読売新聞で取り扱われてきた中元に関する記事を対象として，テキストマイニングの手法を用いた内容分析を行う。これにより，中元文化をめぐる言説の変容について新聞メディアの側面から考察を行う。

　第9章では，本書での発見事項を要約するとともに，今後の課題を述べる。

第1章

消費文化理論に関する研究の展開

第1節　消費者行動研究のレビュー

　本節では，中元文化の変容を考察するにあたり，消費者行動に関する先行研究のレビューを行う。

　清水（1999）は，消費者行動研究の歴史的発展過程について，**図表1-1**のような整理を行っている。これによると，消費者行動研究の第1段階では，経済学的発想から出発し，経済活動全体における消費行動の解明に焦点が当てられていた。第2段階では，社会学や精神分析学の考え方が導入され，消費者の属性を用いて市場を捉えようとしていた。第3段階では，個人の消費者の行動に焦点が当てられるようになった。第4段階では，消費者が認知的に意思決定を行う場合の精緻化が進められていった。それと併存する形で，より主観的な，感情的な消費者行動を捉えようとするポストモダンの消費者行動研究も行われるようになったとされる（清水, 1999）。

　また，消費者行動研究のアプローチ方法は，おおむね，①心理学的アプ

● 図表1-1　消費者行動研究の発展段階

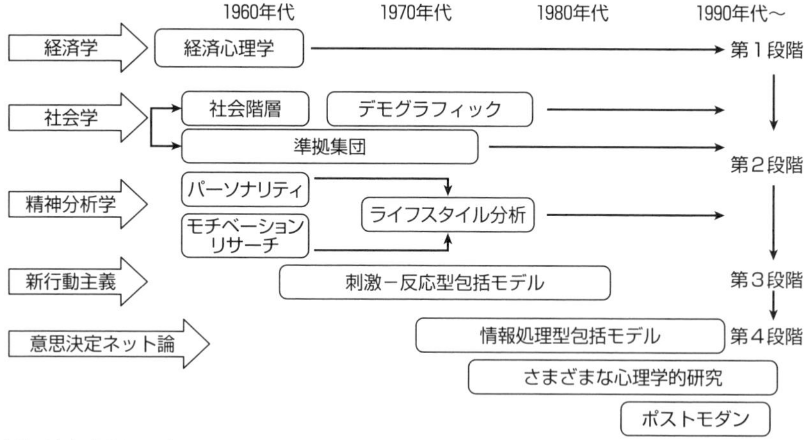

出所：清水（1999, p.27）。

ローチ，②計量的アプローチ，および③解釈的（あるいはポストモダン）アプローチの3つに分類される（守口, 2012; 桑原, 2015）。

①心理的アプローチでは，主として消費者の購買意思決定と購買行動に焦点を当て，それらを説明することに重点を置く。現時点での消費者研究のメインストリームとなっており，実験などの手法を活用した心理学ベースの研究である（守口, 2012; 桑原, 2015）。

②計量的アプローチでは，経済学，統計学を基礎としており，消費者のブランド選択，店舗選択，購買決定などの記述と予測が主たる焦点となる。このアプローチでは，数理モデルが用いられることが多い（守口, 2012; 桑原, 2015）。

③解釈的アプローチあるいはポストモダンアプローチでは，購買意思決定のみならず，使用や廃棄段階においてみられる消費の意味をめぐる象徴について概念的に理解することに重点を置く（守口, 2012; 桑原, 2015）。

上記③のデータ収集の方法として，深層インタビューやエスノグラフィーといった定性的な手法が多く用いられる（Hirschman and Holbrook, 1982; Holbrook and Hirschman, 1982; Sherry, 1983）。これらの研究は，本章第2節で説明する消費文化理論の成長の契機にもなっている。

このように，心理学的アプローチや計量的アプローチによる消費者行動研究では，現実の消費者行動を説明したり，予測したりすることを目的としており，基本的には実証主義の立場をとっている。これに対し，解釈的アプローチは解釈主義と呼ばれる考え方をベースとし，消費の理由や意味，個人的な経験などに焦点を当てた研究を行っている（守口, 2012）。

このことは，それぞれのアプローチが学問横断的な傾向にあり，互いの前提が相容れないことも少なくないことを意味している（桑原, 2015）。Belk（1995）は，1980年代初頭からの消費者研究の動向として，モダンと

従来の視点	新たな視点
実証主義	非実証主義
実験／調査	民族誌学
定量的	定性的
演繹理論	創発理論
経済学／心理学	社会学／人類学
ミクロ／マネジリアル	マクロ／文化的
購買に焦点	消費に焦点
認知に重点	感情に重点
アメリカ的	多文化的

出所：Belk（1995, p.61）。

ポストモダンの対比を**図表1-2**のように示している。

　これによると，従来のモダンアプローチでは，認知的で分析的な消費者情報処理研究に重きを置いていたが，ポストモダンアプローチでは，情緒的で感性的な消費者行動を研究する重要性を主張する（Belk, 1995）。

　ポストモダンの代表的な研究の１つは，Hirschman and Holbrook（1982）による快楽的消費（Hedonic Consumption）概念の提示によって，消費における経験の重視を提唱した研究である。快楽的消費が消費者の五感やイメージ，感情の喚起として位置づけられた。

　さらに，Holbrook and Hirschman（1982）では，消費の快楽的な側面であるファンタジー（fantasies），フィーリング（feelings），ファン（fun）について，従来の情報処理理論のような実証主義的方法（仮説演繹的手法）ではなく，主に解釈主義的方法（解釈学や記号論）を用いて論じている。

　Schmittは，顧客経験を特性に応じて５つのタイプに分類し，戦略的枠組みを提示した。すなわち，感覚的経験価値（Sense），情緒的経験価値（Feel），創造的・認知的経験価値（Think），肉体的経験価値とライフスタイル全般（Act），準拠集団や文化との関連づけ（Relate）といった５つの

戦略的経験モジュール（SEM．Strategic Experiential Module）を総合的に使用することで顧客経験マーケティングの戦略的基盤を形成すると説明している（Schmitt, 1999; 訳書, 2000）。

　Belk らによるコンシューマー・ビヘイビア・オデッセイ（Consumer Behavior Odyssey）は，消費研究の転換点を示す象徴的な研究として挙げられる。コンシューマー・ビヘイビア・オデッセイとは，20人程度の研究者が録音・録画技術を駆使し消費者にインタビューを行いながら，全米を旅行するという調査プロジェクトのことをいう（Belk et al., 1989）。

　このプロジェクトで得られた結果は，多くの解釈学的方法として結実し，マーケティング研究分野において定性調査が認知される契機となった。また，その後の研究手法として，観察やデプス・インタビュー（深層面接法）が採用されるようになった（Sherry, 1991）。これにより，現象を理解するために主観的でコンテクストを考慮した観点に消費研究の重心が転換していく契機となったといわれている（Sherry, 1991）。

　こうした研究のほかに，文化的，歴史的に構成された世界から消費財への意味転移の仕組みについて，Hirschman and Stampfl（1980），McCracken（1986），Solomon（1988）などの研究が挙げられる。

　Hirschman and Stampfl（1980）は，小売業の経済活動の背後にある文化創造的な面を理論的に明らかにしようとし，商品流通を文化シンボルの流通過程として記号消費論的に把握しようとした。

　この議論では，小売業者の行う品揃え活動について，品揃えの幅と深さは，小売業の商品計画の意思決定によって直接的に影響を受けると指摘している。その中で売買を専門的に代行する小売業は，その社会的なポジショニングゆえに，商品普及におけるチェンジ・エージェント，ゲートキーパー，オピニオン・リーダー，あるいはイノベーターといった諸機能の遂行を通じ消費生活に多大な影響を及ぼし，大衆文化の普及過程で重要な役割を演じると述べている（Hirschman and Stampfl, 1980）。

McCrackenは，文化が意味を供給することによって構成される世界を「文化的に構成された世界」と表現する。この文化的に構成された世界に点在する意味を消費者の手に転移させる手段として，広告／ファッション・システムを経て，所有，交換，手入れ，剥奪の４つの儀礼が必要とされると指摘した（McCracken, 1986）。

　一方，Solomonは，文化的ソートシステムという枠組みにおいてシンボルの流れを捉えている。消費財は，企業の製品開発部門でつくり出された時点で，すでに何らかの文化的意味を担っていると考えられる。しかし，この段階で生じた意味のすべてが消費者に伝達されるのではない。消費財の誕生とともに生じた数多くの意味は，消費者向けのゲートキーパー的存在によってさまざまに解釈され，取捨選択が行われた後に，さらに消費者を方向づける人を経て，最終的に個々の消費者に伝達される。文化的ソートシステムは，財の象徴性が文化のスペシャリストからイメージ・ゲートキーパーと呼ばれる人々を経て，消費者へと到達するプロセスを概念化したものである（Solomon, 1988）。

　McCracken（1986）もSolomon（1988）も，文化的な意味や象徴性が財にどのように移転されるかについて概念化し，最終消費者に至るまでの間に一種の「ゲートキーパー」的な役割を担う集団が存在すると指摘している。

　このような「ゲートキーパー」としてはさまざまな存在が想定されうる。消費者は小売業者によって提示された一定の諸商品の組み合せの中からの選択を余儀なくされるという意味で，小売業者の行う品揃えはそれ自体として，商品の普及とともに形成されてくる生活文化の質的な内容を大きく左右することになると考えられる（McCracken, 1986; Solomon, 1988）。

　このような消費文化の変化を，定性的なデータを用いて捉えるための方法論として，Langley（1999）が提唱するプロセス理論（process theory）がある（Langley, 1999; Giesler and Thompson, 2016）。

　プロセス理論以外に，消費文化の変化を説明する理論として，変数理論

がある（Langley, 1999; Giesler and Thompson, 2016）。変数理論は，観測された投入変数と産出変数との間の因果関係を説明するロジックとして用いられる（Langley, 1999; Giesler and Thompson, 2016）。一方，プロセス自体は観測されず，把握することはできないとされる（Langley, 1999; Giesler and Thompson, 2016）。

　それに対し，プロセス理論は，質的なデータを用いてプロセスを明確かつ直接的に観測し，ある主体や問題が時間とともにどのように発展・変化しているのかについて，記述したり説明したりすることができるとされている（Langley, 1999; Giesler and Thompson, 2016）。

　プロセス理論は，時間の経過を伴った現象の「どのように」や「なぜ」に答えられるような理論的理解を目指すアプローチである。このため，Giesler and Thompson（2016）は，プロセス理論の考え方が消費文化の研究にとっても有用であると指摘する。**図表1-3**はこれらの議論をもとに，両者の理論を比較したものである。

●**図表1-3　変数理論とプロセス理論の比較**

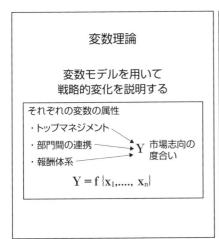
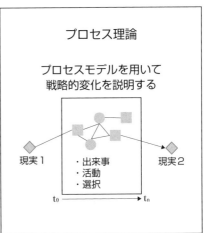

出所：Giesler and Thompson（2016）およびLangley（1999）をもとに，筆者が加筆・修正したものである。

以上の議論から，消費文化の説明理論として，変数理論とプロセス理論がある。このうち，本書では，プロセス理論に基づき，中元文化の変化をプロセスの変化として捉えることとする。具体的に，既存の消費パターン，それを規定してきた構造（社会的規範や慣習など），変化をもたらす契機となる事象（出来事），新たな消費パターンの形成といった分析視点から，中元文化の変化プロセスについて明らかにする。また，それらの関係性についても分析を行う。

第2節　消費文化理論のレビュー

　前節で議論した解釈的アプローチあるいはポストモダンアプローチの流れとして，消費の文化的側面を取り扱ったものに消費文化理論（consumer culture theory）がある。この理論は1980 年代から継続的に分析されてきた理論である（Arnould and Thompson, 2005）。消費文化理論は，2005年に *Journal of Consumer Research* 誌に掲載された論文 "Consumer Culture Theory（CCT）: Twenty Years of Research"（消費文化理論（CCT）：20 年にわたる研究）で提唱された呼称である。Arnould and Thompson（2005）によれば，消費文化理論は，統一的な一般理論でもなければ，法則定立的な命題（nomothetic claims）でもない。むしろ，それは，消費者の行動や市場と文化的意味との間のダイナミックな関係に取り組むものであるとされる。

　言い換えれば，消費文化理論は，消費者行動を入手，消費，所有，処分が行われる一連のサイクルとして捉え，消費者行動がもつ文脈的，象徴的，経験的な側面を明らかにしようとするものである（Arnould and Thompson, 2005）。

　Arnould and Thompson（2005, pp.868-869）は，消費文化を次のように

特徴づけた。

「消費文化理論は，文化を，集団的に共有される意味や生活様式，社会の構
成員が共有する統一的な価値観といった同質的なシステム（例えば，アメリ
カ人はこのような文化を共有し，日本人はあのような文化を共有していると
いうようなもの）として捉えるのではなく，意味の異質的な分散や，グロー
バリゼーションと市場資本主義というより広い社会歴史的な枠組みのなかで
部分的に重なり合って存在している文化的諸集団の多様性を追求する。した
がって，消費文化は，生きた文化と社会的諸資源との関連性，意味ある生活
様式とそれが依存する象徴的・物質的諸資源との関連性が市場を通じて媒介
される社会の取り決めを示す。」

　彼らによれば，消費文化理論の研究領域は，主に以下の4領域にまとめ
られる（Arnould and Thompson, 2005）。すなわち，①消費者のアイデンテ
ィティ（consumer identity projects），②市場文化（marketplace cultures），
③消費の社会歴史的形成パターン（the sociohistoric patterning of
consumption），および④マスメディアに媒介されたイデオロギーと消費者
の解釈戦略（mass-mediated marketplace ideologies and consumers'
interpretive strategies）の4領域である。
　第1の研究領域は，消費者のアイデンティティである。ここで想定され
たアイデンティティの形成者には，消費者だけではなく，市場も含まれる。
消費者のアイデンティティ形成において，市場は共同の生産者であり，消
費者のアイデンティティの物語を構築するものとされる。すなわち，市場
はアイデンティティ形成のために必要となる商品やサービスを提供し，「神
話的で象徴的な資源の源泉となることで，アイデンティティの物語を構成」
するとされる（Arnould and Thompson, 2005）。
　第2の研究領域は，市場文化である。その主な問いは，消費が人間の支

配的な習慣として出現したことで，人々の行為や解釈の文化的青写真をどのように形づくってきたのか，また逆の影響関係はどのようなものか，というものである。ここで想定されている消費者は，文化の影響を被る受動的な存在としてではなく，むしろ文化の生産者として捉えられている（Arnould and Thompson, 2005）。

　第3の研究領域は，消費の社会歴史的形成パターンである。すなわち，消費階級やコミュニティ，エスニシティ，ジェンダーなどといった，消費者の選択や行動に体系的に影響を与える制度や社会的構造に焦点を当てたものである。一方，消費者の経験や信念体系，行為などが制度や社会構造にどのような影響を与えるのかという問題にも注目してきたものとして特徴づけられる（Arnould and Thompson, 2005）。

　第4の研究領域は，マスメディアに媒介されたイデオロギーと消費者の解釈戦略である。この領域では，消費についてメディアから発信された規範的なメッセージがどのようなものであり，これらのメッセージを消費者がどのように解釈し批判的な反応を抱くのか，という問題に関心が寄せられてきた。ここでは，消費者を「解釈主体（interpretive agents）」であると見なす（Arnould and Thompson, 2005）。

　したがって，消費者は，広告やマスメディアに描かれる消費者のアイデンティティやライフスタイルの支配的な表現を暗黙裏に取り入れるといった活動から，これらのイデオロギーの指示から意識的に逸脱する活動までの広がりを見せる意味創出活動や解釈戦略を担うものとされる（Arnould and Thompson, 2005）。

　これら4つの研究領域は，研究対象の焦点や消費者などにおいて認識の仕方に違いはあるものの，消費者の行動を，企業により提供される物やサービス，メディア環境なども含んだ文化や社会的な枠組みと関連づけて考察する点では共通している。既存の消費文化理論研究は，上記の4つの領域のうちいずれかの領域に焦点を当てている（吉村, 2017）。

　吉村（2017）は，消費文化理論が流通・マーケティング研究において果たすと思われる貢献を次の3点から整理している。すなわち，①現代的消費を明らかにするための定性的な分析手法を提供していること，②消費者の自律的行動を明確に研究領域の1つに加えていること，および③消費の社会歴史的なパターン化の解明に関心をもっていること，の3点である。

　本書では，以上でレビューした消費文化理論の枠組みに依拠し，中元文化がマーケティングと消費者の相互作用によって再生産されながら，拡大・維持・変遷していったという視点に基づいて，歴史的な分析や考察を行うこととする。

第2章

贈答文化に関する研究の展開

本章では，贈答文化に関する研究について3つの側面から考察することにする。すなわち，文化の概念，カルチュラル・スタディーズおよびギフト・ギビングについてである。以下，順にみていくことにする。

第1節　文化の概念

　文化については，これまで文化人類学，社会学，および心理学などさまざまな分野で膨大な研究成果が蓄積されてきた。しかしながら，文化についての定義は明確には定まっていない。

　その中でも，文化の定義についてよく知られているのは，文化人類学者であるTylor（1871）の定義である。すなわち，「文化とは，知識，信仰，芸術，道徳，法律，慣習および人間が社会の一員として獲得された能力や習慣の複合体である」（Tylor, 1871; 訳書, 1962; 三浦, 2020）とされる。

　また，そのほかに代表的なものとして，杉浦（1951）では，文化を「各民族によって発展させられて，世代から世代へとつぎつぎに習得される伝統的行動の複合総体」と定義し，人間社会の生活様式として文化を認識するものや，祖父江（1990）では，「文化とは後天的・歴史的に形成された，外面的および内面的な生活様式の体系であり，集団の全員または特定のメンバーにより共有されるもの」と定義するものもある。

　さらに，Peterson（1979）は，社会学者が文化を語るときは，通常，象徴の4つの事柄，すなわち規範，価値観，信念，表現のうちのいずれかを意味するものとして，文化という用語をしていると指摘する。

　三浦（2020）は，文化を「生活全般にわたる価値と象徴のシステム」と定義し，価値・行為・制度を文化の3つの構成要素として捉えている。**図表2-1**は，三浦（2020）で提示された要素間の関係を示したものである。これによると，価値が行為を規定し，行為が一定の規則性・構造をもつと制

● **図表2−1　文化の構造**

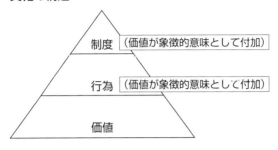

出所：三浦（2020, p.9）。

度になると考え，価値が，行為や制度に象徴的意味として付加されているとの認識に立つとされる。

　さらに，Griswold（1994; 訳書, 1998）は，文化のダイヤモンドと名づけられた4つの要素からなる文化の構造モデルを提唱した。この構造モデルは，幅広い対象に応用可能な文化社会学のアプローチを示している。**図表2-2**はこの文化のダイヤモンドを図式化したものである。ここでいう4つの要素とは，①文化的表象体（形に具現化された共通の意義），②文化の創造者（文化的表象体をつくり出し，それを伝播する組織体制を含む），③文化の受容者（文化や具体的な文化的表象体を経験する人々），および④社会的世界（文化が創造され経験される状況）であり，これらが互いに影響し合う状況を捉えていくことを文化社会学の課題としている（Griswold, 1994; 訳書, 1998）。

　本書では，中元文化をめぐる社会的現実がいかに構築されるのかという問題について，Griswold（1994; 訳書, 1998）で提唱された文化のダイヤモンドの4つの要素を用いて分析を行うこととする。この分析枠組みを中元文化に当てはめると，文化のダイヤモンドの4つの要素のうち，前述の①「社会的世界」は中元贈答が行われる社会構造，②文化的表象体は中元贈答パターン，③文化の創造者は百貨店のマーケティング活動，および④受け手は消費者と解することができる。

● 図表2-2　文化のダイヤモンド

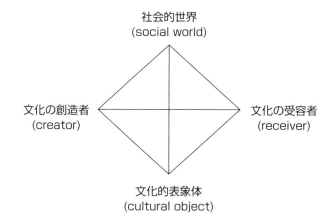

社会的世界
(social world)

文化の創造者
(creator)

文化の受容者
(receiver)

文化的表象体
(cultural object)

出所：Griswold（1994, p.15; 訳書, 1998, p.32）。

第2節　カルチュラル・スタディーズの展開と分析方法

　本書の研究枠組みを構築するにあたり，重要な視座を提供するカルチュラル・スタディーズについて概説する。カルチュラル・スタディーズとは，文化そのものを問題とし，それを明らかにしようとする研究分野である。次の引用文は，カルチュラル・スタディーズの文化を捉えるスタンスを端的に表したものであるといえる（吉見，2000c, p.2）。

　「文化をすでにそこにあり，固有の内容を含んだものと見なすところから出発するのではなく，近現代におけるこの領域の存立そのものを問い返すこと。文化を経済や政治から切り離せる固定的な領域と見なすのでも，またそうした経済や政治に従属的な表層の秩序と見なすのでもなく，むしろ権力が作動し，経済と結びつき，言説の重層的なせめぎあいのなかで絶えず再構成され

ているものとして問題化していくこと。カルチュラル　スタディーズが，単
なる文化の実証主義的な研究とは決定的に異なるポイントがここにある。」

　すなわち，カルチュラル・スタディーズとは，文化を対象とする研究分
野である。ただし，文化を固定的な所与の実体としてではなく，むしろ問
題として，つまりその存在そのものが理論的，歴史的に問い返されるべき
ものとして捉えるというところにその最大の特徴がある（吉見，2000c）。
　以下，カルチュラル・スタディーズの展開と分析方法を概説した後，本
書の分析枠組みにおける位置づけについて明らかにする。

（1）　カルチュラル・スタディーズ研究の概要

　カルチュラル・スタディーズと呼ばれる新たな研究動向が生まれたのは
第二次世界大戦後のイギリスであった（上野・毛利，2000）。バーミンガム
大学に現代文化研究センター（Centre for Contemporary Cultural Studies）
が設立された1964年が，その1つのはじまりといわれている（村岡，
2000）。この現代文化研究センターを中心に，カルチュラル・スタディー
ズには主に4つの流れがみられる。すなわち，労働者文化論，文化記号論，
サブカルチャー研究およびジェンダー・エスニシティの4つである（村岡，
2000）。
　カルチュラル・スタディーズ研究の成立以前には，文化の研究の対象と
して中心的に考えられていたのは「高級文化・芸術（high cultures, Art）
であった。そのなかで文化を「審美学的，知的，精神的な産物」と定義さ
れていた（石田，1999）。
　しかし，カルチュラル・スタディーズは，文化を「人々やある集団の生
活様式のすべて」と捉える（石田，1999）。それは従来，文化人類学が産業
化されていない社会に対して適用してきた定義であったが，カルチュラル・

スタディーズはその定義を産業化された社会についても積極的に導入したのである。そのことによって，それ以前には文化の研究の対象として中心的に考えられることのなかった「ポピュラー文化（＝人びとの文化）」を研究対象の中核に据えることが可能になった（石田，1999）。

　このような文化の捉え方は，まさにポピュラー文化である中元文化を問題とし，探求しようとしている本書の意図と合致する。では，カルチュラル・スタディーズは文化を具体的にどのように研究してきたのであろうか。カルチュラル・スタディーズの主要な分析モデルと方法を以下で紹介しよう。

（2）　カルチュラル・スタディーズの分析モデルと方法

　カルチュラル・スタディーズの視座からすると，文化の存立は，「メディア」という問題構制がその中核に位置するものとして考えられる（吉見，2000b）。その研究の方法としては，メディアをテクスト（言説，形式）として分析することを基本とする（石田，1999）。Turner（1996; 訳書，1999）によれば，カルチュラル・スタディーズが展開した理論の中で最も重要な理論的な戦略は，文化生産物や社会的実践，そして制度さえもいわゆるテクストとして読むという戦略であるとされる。

　カルチュラル・スタディーズのメディア研究は，テクストについての方法を送り手／受け手というメディア研究の伝統的な図式に当てはめて，エンコーディング／デコーディングモデルという枠組みをつくりだした（上野・毛利，2000）。

　すなわち，送り手側における意味生成（付与）の過程は，エンコーディングといい，一方，受け手側における意味生成（解読）の過程は，デコーディングという（吉見，2000c）。従来のマス・コミュニケーション研究の送り手／受け手図式では，メディアを透明なものとし，受け手が送り手の

メッセージを誤解なく受け止めるのが正常と考えられていた。この点に対し，コミュニケーション過程の一方にあるのは，単一の主体としての送り手というよりも，テクスト生産に向けての複合的な過程としてのエンコーディングである（吉見，2000a）。

Hall（1982; 訳書，2002）が強調するのは，こうしたエンコーディング自体が，言説的なメカニズムとして構成されている点である。さまざまな異なる意図が介在する中で，この過程を通じて，受け手のイメージが構成され，ある状況が定義されていく。そして，このコミュニケーション過程の他方には，抽象的な個人としての受け手ではなく，さまざまに状況づけられた複合的な諸主体によるテクスト消費，すなわちデコーディングが存在する（吉見，2000a）。

エンコーディングの過程でテクストに付与された意味は，デコーディングにおけるテクスト解釈を先験的に決定しているわけではない（吉見，2000a）。Hall（1982; 訳書，2002）は，デコーディングの過程における受け手の位置を，Gramciのヘゲモニー論を援用して，支配的な位置，折衝的な位置，対抗的な位置という3つに区別していく（Hall, 1982; 訳書，2002; 吉見，2000a）。

まず，支配的な位置とは，エンコーディングの過程を通じて付与されたテクストの意味を，受け手も同じように受け取るあり方である。この場合，エンコーディングとデコーディングの非対称性は隠蔽される（Hall, 1982; 訳書，2002; 吉見，2000a）。

次に，折衝的な位置とは，こうした支配的な読みとそれぞれの受け手の個別的な位置からの読みとが混ざり合って構成される矛盾を含んだ位置である。この位置は，大枠では支配的な読みの優越を認めながらも，支配的な位置とはある矛盾を潜在的なレベルにとどめた状態にしている。それはいわば，「タテマエ」としての支配的なコードに対し，「ホンネ」の解釈というレベルに対応するとも考えられるという（Hall, 1982; 訳書，2002; 吉見，

2000a)。

　最後に，対抗的な位置では，支配的な読みとの矛盾や対立が明示される。通常，対抗的な読みは折衝的な読みの中に含み込まれたままになっているが，何らかの状況や文脈のもとであからさまな形をとるのである（Hall, 1982; 訳書, 2002; 吉見, 2000a）。

　しかし，このエンコーディング／デコーディングモデルを用いた分析は，基本的にはコミュニケーションのモデルを基礎としたものだったため，どのように修正を加えたとしても送り手と受け手を想定したモデルから逃れることはできなかった（Hall, 1982; 訳書, 2002; 吉見, 2000a）。文化がコミュニケーションの過程を通して人々に伝えられる側面だけではなく，人々が文化をつくりそしてまた人々が文化によってつくられる，というプロセスやその文脈こそ考察されなければならない（Hall, 1982; 訳書, 2002; 吉見, 2000a）。

　また，現代文化におけるメディアとは，ある特権性をもった主体と場とを生成し，維持するものである（石田, 1999）。

　このようにカルチュラル・スタディーズは，文化現象に対し，意味形成の主体を重視しており，意味は可変的（動態的）と捉えているため（三浦, 2020, p.20），本書の中元文化研究にも援用できると考えられる。これらの立場に立ち，制度であると同時に文化である中元をカルチュラル・スタディーズの視点から歴史的に分析・考察を行い，中元文化がどのように構成されてきたのか，どのように変遷してきたのかを明らかにしていく。

第3節　ギフト・ギビングに関する研究のレビュー

　この節では，ギフト・ギビング（贈答）という消費行動がこれまでどのように捉えられ研究されてきたのかをレビューしていくことにする。

　まず、ギフト・ギビングの定義についてであるが、Belk（1976）によれば、ギフト・ギビングとは、ものあるいはサービスXを選択し、Yという人に、ある機会Zに贈り物として進呈する現象で、生活の中で独特かつ重要な消費者行動であると定義されている。

　ギフト・ギビングに関する研究は、文化人類学、社会学、社会心理学などの分野で議論されてきた。

　文化人類学者は、ギフト・ギビングを「全体的社会現象」として捉え、理論研究とともに民族誌的研究も活発に行い、贈与交換におけるメカニズムを解明しようとしてきた（Mauss, 1968; 訳書, 1973; Levi-Strauss, 1965）。

　社会学者は、ギフト・ギビングにおける互酬性の問題について多く取り上げてきた。何かを贈られるということは同時に贈り手に対して社会的負債を負うことになり、贈られた当人は贈り返すことによってその負債から、強いては負債を返さない場合に起こる他者への劣位性や社会的制裁から逃れようとする（Belk, 1976）。Caplow（1982; 1984）はクリスマスギフト研究において、親族関係に応じた贈り手と受け手の関係により、贈答される品目は釣り合いが保たれることを発見している。

　社会心理学の分野では、ギフト・ギビングのもつ象徴性の豊かさと、社会的価値を確認し、伝達する装置としての強さにその主眼を置いた（Cheal, 1986）。

　本書では、こうした他分野で得られた知見を参考にし、マーケティングおよび消費者行動の立場からギフト・ギビングの議論を進めることとする。

　消費者行動の分野では、ギフト・ギビングについて、主に次のような3つの問題を中心に議論が進められてきた（南, 1998）。

　第1に、贈答と個人的使用を目的とする消費者行動との差異に焦点を当てる研究は、贈答の動機は問題とされず、他者のためのギフト製品選択や購買時の情報処理、探索の相違に注目した（南, 1998）。Scammon et al.（1982）は、個人的使用、義務的ギフト購買、自発的ギフト購買という

3つの状況の区別による購買者特性と購買パターンの相違を検証した（南，1998）。贈答機会を状況要因として捉え，贈答の実態を明らかにしようとした研究には，Caplow（1982; 1984）などが挙げられる。

　第2に，贈答の動機研究に関しては，主にBelk（1979），Sherry（1983），Goodwin et al.（1990），Wolfinbarger（1990）などの研究を挙げることができる。Wolfinbarger（1990）はギフトがもつ象徴性に注目し，愛他主義，自己興味，社会規範という3つの主要な動機を挙げている。ここにみられる考え方は，人々は象徴を介在させることによって相互作用し，ギフトは象徴として使われるということである（Wolfinbarger, 1990; 南, 1998）。

　Goodwin et al.（1990）は，社会的規範力からギフト動機を自発的動機と義務的動機に分け，自発的な贈り手は，お返しとしてギフト製品よりも，感情的な表現を期待しており，返礼を伴う贈答よりも供与的な贈答を強調する傾向にあると報告している（Goodwin et al., 1990; 南, 1998）。

　第3に，消費者の贈答におけるコミュニケーション機能に基づく研究も多く行われてきた。Belk（1979）は，贈答の基本的な機能は，コミュニケーション機能にあると指摘している。贈答をコミュニケーション機能と捉える場合，その捉え方は主として次のようなものである。1つはギフト製品を媒介して，贈り手が自己あるいは受け手のイメージ，贈り手と受け手の関係のイメージを，伝えるべきメッセージとして符号化することである（Belk, 1979; Banks, 1979; Sherry, 1983）。

　さらに，ギフトを贈るということ自体がメッセージとなって贈り手と受け手の関係が構築される，あるいは確認されるという考え方である（Caplow, 1982; 1984）。つまり贈り物はメッセージを付与する場合と，贈ることそれ自体がメッセージになる場合がある。これらの立場は，贈答は自己のイメージをメッセージとして投影する象徴的コミュニケーションと，贈り贈られる二者間の社会関係を顕在化するための社会的コミュニケーションの機能をもつという考えに集約される（南, 1998）。

これらの贈答に関する研究では，贈答を行うこと自体は所与とされている。しかしながら，いつ，誰に，何を贈るのが望ましいのか（あるいは不適切なのか）は，きわめて文化依存的な事柄である。したがって，贈答の実践は，その主体が属している文化を端的に反映するものとして考える必要があるであろう。

第4節　ギフト・ギビングとしての中元贈答

日本の社会の中で，ギフト・ギビングは頻繁に行われている。たとえば，誕生祝や結婚式，葬式，病気見舞い，クリスマス，父の日，母の日，バレンタイン・デー，ホワイト・デー，結婚記念日などに，家族や個人の間で，ギフト・ギビングが活発に行われている（伊藤, 1995）。この中で，ひときわ目を引くのは，古くから日本の社会に伝わってきた儀礼的な贈答機会である中元や歳暮である（伊藤, 1995）。

中元のルーツは正月15日を上元，7月15日を中元，10月15日を下元とする中国の三元の考え方にあったが，中元は日本では仏教の盂蘭盆の行事と結び付いて，祖先を供養する日になったといわれている（安達, 1998, p.173）。日本でも古くから7月に祖霊を祀るという考え方があったことから，中元が年中行事として受け入れられ，定着していったとされる（安達, 1998, p.173）。

植松（1995）によれば，現在も続くこのような中元贈答の習慣が，一般の人々の間に広がったのは少なくとも江戸時代の初期まではさかのぼれるのではないかと指摘されている。商業が発達した江戸時代になると，商人たちが勘定払いの決算期となっていた中元や歳暮の時期に，盂蘭盆などの行事とは関係なく得意先に手ぬぐいや扇子などを配ったことも，中元贈答の活発化につながったとされている（安達, 1998, p.174）。

贈答としての中元が，本格的に盛んになったのは，明治以降とされている（植松，1994; 安達，1998）。これは，東京や大阪などの大都市への人口集中に伴い，人々の交際範囲が広がったことや，産業化により中元の商品化が開始されたことなどによるものとされている（安達，1998, p.174）。具体的には，都市住民におけるサラリーマン層の増大は中元贈答の普及に大きな役割を果たした（植松，1995）。なぜなら，この層はこの時期にボーナスとして多額の収入を得ることになり，その使途として中元贈答を位置づけるという百貨店の戦略を受け入れ，その結果として中元贈答市場が拡大したからである。また，当時，新聞が発達し，新聞を使った中元セール広告が広く行き渡るようになったという（植松，1995）。

　若月（1992, pp.128-129）では，明治時代の中元贈答の様子を次のように記述している。

　「…此盆月の七月に入ると，早きは一日頃から色んな店先には『中元御進物』と云う大きな立看板が目立ち出す。…そして十日頃から十三四日迄に借家人は家主の内へ砂糖の袋を送るとか，出入の商人は夏向相当の団扇だとか素麺だとか，婦人用の小間物だとかを得意先に配るとか，世話になったうちへはそれ相当な贈物をするとか，お年玉宛がらの所謂お中元の贈答が盛んに行われる。けれどもこうした盆の贈答にもなかなかに深い意味の含まれて居るのであって，砂糖袋一つや素麺三把で，半年間の得意を繋ぎとめようとか，これで以って昇進上級の恩典にあずかろうとか，商人は官吏と結託するの手蔓を得ようとするのが真の目的で，要するに海老で鯛を釣ろうの算段であることは言うまでもない。…」

　この引用から，明治時代において中元が互酬性を期待して一種の文化として定着していたことが窺える。もちろん，100年近く経ったいまでは，中元の様子もかなり移り変わってきた。

　味の素ゼネラルフーヅ（AGF，現・味の素AGF株式会社）は，1983年から2007年までの毎年，中元についての意識調査を行ってきた。この調査結果によれば，この頃には，中元はもはや年中行事として定着しており，消費税の導入やバブル崩壊，近年の不景気にもかかわらず，贈答率は大きな変化がみられないとされる（AGF, 2007）。「お中元を贈る」と回答した人は，全体で1983年〜1986年の80％台から，1987 年に9割を超え，これ以降常に90％台を維持している。したがって，中元は単なる習慣を超えた，コミュニケーションに欠かすことのできない文化として位置づけられる。さらに，贈り先として，1984年〜1987年は仕事関係がトップを占めてきたが，1991 年以降は両親や親戚，友人・知人などの割合が高くなってきている。中元は単なる儀礼的なものという位置づけではなく，もはや季節の挨拶や相手のことを考えて贈るパーソナルなイベントとしての色合いが深まってきたとされる（AGF, 2007）。

百貨店に関する研究の展開

第1節　百貨店に関する先行研究のレビュー

鹿島（1991）によれば，世界ではじめて誕生した百貨店は，Aristide Boucicaut（アリスティッド・ブシコー，以下，「ブシコー」）によって1852年に設立されたパリのボン・マルシェだとされる。同社では，当時，いくつか重要な革新を実施し，正札販売，返品自由，薄利多売などを実現した。商品を誰に対しても同じ値段で売るようにしたことで，平等を実現し，また返品可を打ち出したおかげで，フランスでは誠実モットーという商売が生まれたとされる（鹿島, 1991）。

ほぼ同じ時期に，アメリカでもメーシー（1858年）やワナメーカー（1861年），イギリスではハロッズ（1885年）などの百貨店が設立された（鹿島, 1991）。

こうした百貨店の成立は，ヨーロッパでもアメリカでも，おおむね19世紀の半ばのことであるが，ちょうど封建主義経済から資本主義経済に変わった頃であった（鹿島, 1991）。近代都市の発展で都市人口の増大につれて消費の規模が拡大した。百貨店は，1つの店舗で多くの商品ラインを販売するまったく新しい形式の小売業態として大量仕入・大量販売をはじめて可能にしたことから，商業史上最初の流通革新の担い手として登場した（鹿島, 1991）。

鈴木（1980, p.152）によれば，特定の社会における歴史的・社会的・経済的な諸条件の変化を活用し，対象とする消費者の欲求に適合した経営諸戦略の組み合せを創出し，しかもそれを消費者に受け入れられるイメージにまとめあげることに成功した企業行動によって，新しい小売形態が生み出されてくるとされる。百貨店は上述した革新を採用することで新しい小売業態としての地位を確立していたといえる。

小山によれば，日本において，こうした近代的百貨店への移行の口火を

切ったのは，江戸時代初期以来の歴史をもつ呉服店であった。日本では，
越後屋（現在の三越百貨店）や白木屋，大丸，髙島屋，いとう呉服店（現在
の松坂屋）といった呉服店のいくつかにおいて，すでに江戸時代から近代
の百貨店を先取りするような定価販売（現銀・正札・掛値なし）が実現さ
れていた。このことが，呉服店の近代百貨店への移行の下地となったとい
う（小山，1997）。

　三越の前身「越後屋」は延宝元（1673）年に開業され，延宝四年にすで
に「現銀懸値なし」の看板を掲げ，革新的な商法を当時において展開して
いた。「現銀懸値なし」は，出張販売や集金の手間を省くことで経費を節
減し，現金取引にすることで資金の回転を早め，それによって掛値なしの
正札販売を行うというものであり，結果的に客層の拡大にもつながった。
掛値なしの結果，消費者に安心感を与え，資金の回転を速めた結果，低価
格を実現した（小山，1997）。

　一方，髙島屋は創業1831（天保二）年に，初代によって自らを律する店
是を次のように定めて，誠実な商法で店の基礎を築いていった。すなわち
「1．確実なる品を廉価にて販売し，自他の利益を図るべし，2．正札掛
値なし，3．商品の良否は，明らかに之を顧客に告げ，一点の虚偽あるべ
からず，4．顧客の待遇を平等にし，苟くも貧富貴賤に依りて差等を附す
べからず」という4点を定めたという（小山，1997）。

　明治維新以降，日本は次第に近代的工業国への道を歩みはじめ，生産部
門の拡充に比例して，消費部門の拡充整備による国内市場の拡大が日本経
済にとって不可欠となってきたという。しかしながら，従来の小売商業は，
伝統的な暖簾中心の老舗や行商人が定着した小規模経営のものであったた
め，そのままでは大量生産に見合う大量販売を受け持つことは困難であっ
た。そこで近代最初の流通革命の担い手として期待されたのが百貨店であ
った（小山，1997）。

　1905（明治38）年1月2日，全国の主要新聞に当時の三越呉服店の全面

広告が掲載された。小山によれば、「当店販売の商品は今後一層種類を増加し、凡そ呉服装飾に関する品目は一棟の下に御用弁相成様設備致し、結局米国に行なわれるデパートメントストアの一部を実現すべく候事」という有名な「デパートメントストア宣言」が行われたとされる。1907 (明治40) 年、化粧品にはじまった呉服以外の取扱品目は、その後帽子、児童用品、洋服、洋傘、旅行用品、玩具、鞄、靴、と確実にその数を増やしていった。さらにこの年に入り、写真、スタジオ、食堂、展覧会場とサービスを供する施設も次々に開設され、三越の百貨店化は、着々と進んでいった (小山, 1997)。

　日本の資本主義が急速に発展した時期は第一次大戦後といわれているが、この時期に、百貨店も急激に成長するとともに、各地に普及したとされる。1919 (大正8) 年の三越の3倍増資、松屋、白木屋、髙島屋の株式会社への改組、1920 (大正10) 年の松坂屋、白木屋の増資や、大丸、十合の株式会社への転換は、まさに、こうした発展を物語るものであった。こうして、おおむね大正末期頃までには、小売業態としての百貨店は、日本の社会に定着したといえよう (小山, 1997)。

　さらに、第一次世界大戦後、交通機関の著しい発達に伴い、電鉄会社が百貨店兼営に乗り出し、阪急・東急などが代表とするターミナル百貨店が誕生した。具体的には、1920 (大正9) 年の阪急梅田駅への白木屋出張所の開設にはじまり、1925 (大正14) 年の直営阪急マーケットの開業 (白木屋出張所閉店) を経て、1929 (昭和4) 年に本格的なターミナルデパート第一号として阪急百貨店が開業した (小山, 1997)。

　百貨店はその名の通り、1つの店舗にありとあらゆる商品を品揃えして、部門別に、部門組織によって販売する小売商業と位置づけられる (小山, 1997)。このように、多様な品揃えによって他の小売業に対する優位性を確立するべく、百貨店はできるだけ多くの商品を取り揃える努力を払った。

　百貨店は伝統的な販売形式である座売りから陳列販売へ変更し、これま

での老舗の暖簾商法のように固定客相手の客待ちではなく，不特定多数の客を店へ積極的に呼び込むことによって，日本の消費市場拡大の担い手となった（小山, 1997）。

　百貨店の革新性は，「販売」，「経営」，「立地」，「品揃え」という４つのレベルで考えられる（小山・外川, 1992）。とくに経営革新を通じて，百貨店は文化の担い手という位置づけを獲得した（高丘・小山, 1984; 初田, 1999）。彼らの主張によれば，百貨店の経営革新は次のように考えられる。

　第１に，百貨店の経営革新の特徴は，日本の百貨店の前身が呉服屋であったことに求めなければならない。すなわち，呉服屋の精神である「サロン的販売の精神」や「見せる精神」といったものが，日本のデパート文化のすみずみまで行き渡っているためである。

　第２に，日本の百貨店は，買い物という実用機能だけでなく，一種の楽しみ機能を有している。名コピー「今日は帝劇，明日は三越」にも表れているように，日本の百貨店は商品を売ることを直接的な目的にしない催し物が多くみられ，家族で訪れ，楽しむことのできる「遊覧場」的性格を百貨店の中につくり出していったとされる。

　第３に，百貨店は，洋風文化を積極的に受け入れつつも，生活の中に伝統的なものを残していくことを提案した。そして，それは当時の日本において中流階層の人々が手を伸ばせばどうにか届くことのできる文化生活であった。

　第４に，百貨店で行われる催し物や，そこで売られる商品は，これからの新しい時代の文化的な家庭生活にふさわしい品物，欠かすことのできない必要なものとして人々に認識されていった。

　このように，百貨店は生まれもった文化に対する優れた先導力や文化的な優位性をもっていた。では，百貨店のそれらがギフト文化にどのように影響を与えていたのかについて，次節以降で詳しくみていくことにしたい。

第2節　百貨店における文化的機能の意義と役割

　小売業者としての百貨店が近代都市文化の普及に及ぼした影響にはどのような特徴がみられるのか，そして百貨店が自身についてどのようなイメージをつくり上げたのか，次の3つの角度から考えてみよう。すなわち，①空間的な仕掛け，②流行の創出および③ライフスタイルの形成である。

　まず，①空間的な仕掛けである。鹿島（1991）によれば，ボン・マルシェの創始者ブシコーは，物を買うことを特別な意味をもった行為に仕立てるため，スペクタクルとしての百貨店で幻惑的で感覚的な雰囲気を演出し，買い物に出かけていくことを楽しみにしたのだという。日本の百貨店は，ショー・ウィンドウ，エレベーター，エスカレーター，屋上庭園や食堂といった個別の仕掛けや，1914（大正3）年にできた三越のルネサンス風の五階建，1922（大正11）年に大阪に完成した髙島屋の鉄筋コンクリート七階建ての店舗などといった建物の洋風化を目指した（鹿島，1991）。このような，とくに洋風を中心として，空間的な仕掛けを店舗に取り入れることによって，百貨店は，新しい洋風文化を紹介する媒体としての存在であるということを主張しようとしたと考えられる。

　次に，②流行の創出である。南（1965, p.162）によれば，「今日は帝劇，明日は三越」というキャッチフレーズは，明治から大正初期にかけて，最新の流行のつくられる場所が三越であり，その流行の服装を見せびらかす場所が帝劇の廊下であったことを表しているという。神野（1994）の研究では，三越の文化戦略に焦点を当てながら，百貨店による「趣味」の演出が，明治末以降，資本と文化人とのネットワークを背景に登場してきた過程を捉えているとされる。実際，三越は1906（明治39）年から数年間，元禄模様を着物から下駄の鼻緒に至るまで流行らせたのを皮切りに，1907（明治40）年には画家や作家を集めて流行会をつくり，1910（明治43）年から

数年間は光琳模様を，大正に入ると大典模様や文展模様を流行らせている（神野, 1994）。こうした流行の演出は色彩にも及び，大正期から毎年のように衣服の流行色がつくり出されていくようになった。このような，百貨店による流行の提案と，それが流行するということの繰り返しが，結果として，消費者に百貨店が流行の発信源であるという認知を次第に強いものにしていったと考えられる（神野, 1994）。

　さらに，③ライフスタイルの形成である。初田（1999）によれば，日本の百貨店には，欧米のそれと違い，商品を売ることを直接的な目的にしない催し物が多くみられ，家族で訪れ楽しむことのできる「遊覧場」的性格を百貨店の中に独力で築き上げたという。公共空間の乏しい日本の都市では，貴重な広場だった屋上の遊園地や，広くてきれいな食堂などは，日本の都市文化への影響における百貨店の独自性を考えるうえで重要である。こうした付加価値としての楽しさの演出やサービスの多様化は，その誕生直後から，独自に開発されてきたものだという。また，店内は理想の家庭を模してディスプレイされたり，ショー・ウィンドウには理想的なファッション・スタイルが展示されたりして，消費者はそれをみることによって，自分たちが目指すべき目標を設定することができたという。このような提案は，広く受け入れられ，近代都市文化の一部として定着し，現在に至るまで続いている（初田, 1999）。

　また，日本の百貨店は最初から上層中産階級を狙った一種の文化の展示場，勧業博覧会の様相を呈していたという（吉見, 1996; 上野, 1999）。明治期の日本においてはとくに，百貨店は西洋の文物を紹介することで，文明開化の新しいライフスタイルを日本に導入する文化の媒体の役割を果たしたといえる。

　そして，橘川・高岡によれば，戦後復興期に生じたライフスタイルの変化である「衣」の洋風化は，一方では社会的・経済的要因によるものであるが，他方では洋服の品揃えという点で他の小売業態を圧倒する優位性を

確立した百貨店による積極的な需要創造活動の結果でもあるという。この結果，日本における和服から洋服への転換，さらに既製服の成長を促した（橘川・高岡，1997）。たとえば，この時期，伊勢丹はファッション・リーダーとしての地位確立をいち早く目指し，衣服革新に挑戦し，婦人服の中における既製服の割合を大幅に増やした。サイズ体系の確立など，洋風ファッションの大衆化に大きく貢献したという（橘川・高岡，1997）。

　このように，戦前から百貨店は流行やライフスタイルに対し，説得，誘導する力をもっていた。そのような影響力が贈答文化へも広がって，日本の近代の中元文化に対し，百貨店が大きい影響力を及ぼしていたと考えられる。

第3節　百貨店における文化催事の役割
―阪急百貨店うめだ本店のケース―

　2000年以降，百貨店の相次ぐ閉店や経営統合といった動きに代表されるように，百貨店業界にとって厳しい経営環境が続いている。

　日本百貨店協会公式サイトによれば，近年，百貨店の売上高は年々減少しており，1991年の約10兆円から2019年の約6兆円へと約4兆円減少している。図表3-1は全国百貨店の売上高推移を示したものである。百貨店各社は店舗の改装や取引先との独自の商品開発など商品政策の見直しに取り組んでいるものの，増収転換への抜本策はまだみえてこない。

　百貨店業界では，全体として市場規模の縮小傾向が続く中，百貨店各店舗の特徴化・個性化が問われている。営利企業である以上，売上や効率性の追求は重要であることに変わりはない。しかしながら，百貨店の存在価値を高めるには，前述した百貨店自身の強みの1つである文化的機能に注力し，消費者の知的な欲求を満たす文化装置として提供する必要もあると考えられる。

● **図表3-1　全国百貨店の売上高推移**

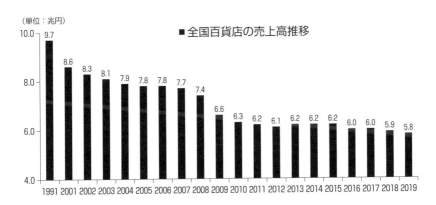

出所：日本百貨店協会公式サイト（https://www.depart.or.jp/store_sale/）のデータをもとに筆者作成。

　本節では，百貨店の文化催事に焦点を当て，その歴史と具体的役割について明らかにする。

（1）　百貨店と文化催事

　鹿島（1991）は，パリのボン・マルシェの例をとり，百貨店は「人間の欲求の開発装置」として機能し，「デパートにひとたび足を踏み入れた買い物客は，必要によって買うのではなく，その場で初めて必要を見出すことになったのである」と述べている。

　小山（1997）によれば，百貨店を発明したとされるブシコー夫妻は，商品と祝祭空間の結合による潜在的消費願望の掘り起こしという手法を，博覧会から学んでいるという。ブシコー夫妻は人々の欲望を刺激し，魅了した万国博覧会と同じようなスペクタクル空間をデパートの中に創造しようとしたとされる。

　吉見（1996）の指摘によれば，日本の百貨店も，1900年代以降，博覧会

や勧工場の陳列方式を取り入れた新たな視覚的な快楽の場として発展していった。百貨店の前身である呉服店は，明治時代のかなり早い段階から積極的に内外の博覧会に出品していた。吉見（1996）は，百貨店と博覧会との同型性に注目し，博覧会では，特定のテーマの博覧会と総合的な博覧会とを同時に開催することはできないが，百貨店では，あらゆる商品が総合的に展示され，さらに特定のジャンルに焦点を当てた売出しを開催していくことができると指摘している。その意味では，百貨店は販路拡大という点で，「博覧会以上の完全な型」であるということができるとされている（吉見，1996）。

　百貨店と博覧会や展覧会との関係は，形成期のデパート文化と同時代の都市文化とのさまざまな結び付きの一部となった（吉見，1996）。すなわち，それまで街頭や盛り場で繰り広げられていた都市文化の諸要素が室内化されていったのである。百貨店による独自の博覧会開催の起源は，三越が東京本店で開催した1909年の児童博覧会までさかのぼる。この博覧会は好評を博し，1921年の第9回まで，ほぼ毎年のように開催されていた（吉見，1996）。

　また，大正時代においては，百貨店の主催によるもの，あるいはそれ以外のものを含めて，百貨店が文化的な催し物を開催することは普通のこととして，社会から受け入れられていったという（初田，1999）。この頃には，百貨店の文化創出機能は当然のこととして捉えられ，当時の人々に新しいライフスタイルを具体的に提示する役割を果たしていたといえる。

　百貨店の中に展覧会場や催し会場があるのは日本だけのことだといわれている（小山，1997）。現在の百貨店もこのような伝統を踏襲して，さまざまな催事を実施している。

　百貨店において集客や販売促進を行うための手法の1つとして催事があり，これには大きく営業催事と文化催事の2つに分かれる（小山，1997）。営業催事には，中元期とクリスマス・歳暮期に行われる全店的なものと，

高級品や新商品を紹介する個別的なものの2つがあるとされる（小山，1997）。

　文化催事は多岐に分かれ，外国紹介展，芸術展，国宝展，学術展，産業展，あるいは地域住民とのコミュニケーション手段としての手芸展や学童画展などがあるとされる。いずれもこのような催し物の開催によって顧客の来店を促進し，商品の販売に結び付けることが目的である（小山，1997）。

　以上の議論から，百貨店のもつ独自の文化的機能の重要性と意義を見出すことができる。小売業態として不振に陥っている百貨店業界において，いまこそその独自の機能に着目したマーケティング戦略の練り直しが求められているといえよう。そこで，1929年に世界初のターミナル百貨店として誕生し，今日でも消費者から高く評価されている阪急百貨店に焦点を当て，具体的に同社で催事がどのように展開されているのかを明らかにする。以下では，阪急百貨店へのインタビューや社史に依拠しながら考察することにする。

（2）　阪急百貨店の概要

　阪急百貨店の創始者である小林一三は，1907年，阪急電鉄の前身である箕面有馬電気軌道の創立に参画している（株式会社阪急百貨店50年史編集委員会，1998，p.7）。その経営を任されて以来，鉄道建設とその沿線開発に精力を傾けることになる（同書，p.7）。

　具体的には，土地・住宅分譲をはじめ温泉，動物園，歌劇場の開業など沿線の観光地化という生活に密着した事業展開に特徴を有している（同書，pp.8-9）。急速な沿線開発によって，ターミナルである梅田駅で乗降客が急増し，1929年，小林は梅田駅の集客力に目をつけ，同駅に隣接した阪急ビルに直営マーケットを開業した（同書，p.10）。世界初のターミナルデパートである阪急百貨店の誕生である（同書，p.10）。

既存の百貨店のほとんどが呉服店からスタートしているのに対し，雑貨本位，実用本位の阪急百貨店は人々の目には新鮮に映り，顧客の層もより幅広くなった。阪急電車の沿線住民や大阪市在住の人だけではなく，勤め帰りのサラリーマンの姿が多くみられた（同書, p.27）。これも同店ならではの特徴であった。

　現在，関西を代表する百貨店として，阪急百貨店は，百貨店業界で確固たる地位を築いている。日経産業消費研究所の消費者調査（日経流通新聞2000年5月4日付）によれば，顧客満足度ランキングでは，阪急百貨店が近畿圏で総合1位の座を占めている。その地位を不動のものたらしめているのが，衣料の品ぞろえと催事の部門である（図表3-2）。

　図表3-2からもわかるように，阪急百貨店の催事への積極的な仕掛けは，消費者の高い満足度を獲得することに結びついている。

　また，日本生産性本部2019年度「JCSI（日本版顧客満足度指数：Japanese Customer Satisfaction Index）」調査によると，百貨店業種において阪急百貨店が3年連続でトップとなっている（日本生産性本部, 2020）。

　さらに，2019年度百貨店調査（日本経済新聞2020年9月16日付）によると，2019年度百貨店の店舗別売上高ベスト10に阪急うめだ本店が241,290百万円で第2位，関西地区では第1位となっている。

　近年の動きとしては，2007年10月に阪神百貨店と阪急百貨店が経営統合し，2008年10月に株式会社阪急阪神百貨店が誕生した。さらに，2012年11月に，7年という長い建て替え工事期間を経て，グランドオープンした阪急うめだ本店は，百貨店の原点に戻り，「劇場型百貨店」の実現を目指すことにした（エイチ・ツー・オー リテイリング, 2012）。成熟化する時代の競争の中で勝ち残るために，かつての百貨店にはあった文化的雰囲気に浸りながら，エキサイティングな買物体験という百貨店ならではの価値を来店客に提案しようとしている。

● 図表3-2　百貨店の顧客満足度調査

	順位		総合的な満足度 得点	イ	ロ	ハ	ニ	ホ	ヘ	ト	チ	リ
首都圏	1	丸井	64.4	10	1	1	8	3	5	2	1	3
	2	東武百貨店	63.5	1	5	5	4	5	1	3	5	1
	3	髙島屋	63.1	4	3	9	1	1	2	4	4	2
	4	伊勢丹	61.1	3	2	4	3	2	4	1	2	4
	5	西武百貨店	60.0	5	4	7	6	8	6	6	3	7
	6	三越	57.5	6	7	7	2	6	3	5	7	6
	7	小田急百貨店	55.3	2	6	2	7	4	7	7	6	8
	8	そごう	52.8	8	8	10	5	9	9	9	9	10
	9	東急百貨店	51.7	9	10	6	9	10	10	8	10	9
	10	京王百貨店	51.2	7	9	3	10	7	8	10	8	5
近畿圏	1	阪急百貨店	63.2	2	1	3	2	8	3	①	1	6
	2	大丸	62.1	6	3	7	1	6	1	2	2	1
	3	阪神百貨店	61.5	1	4	1	5	1	2	5	3	2
	4	髙島屋	61.4	3	2	2	3	4	4	3	4	4
	5	近鉄百貨店	58.6	4	5	4	6	2	6	6	6	3
	6	そごう	56.5	7	6	8	4	5	5	6	5	7
	7	松坂屋	54.5	8	8	6	8	2	8	7	7	8
	8	京阪百貨店	54.5	5	9	9	9	9	9	4	8	5
	9	西武百貨店	52.8	9	7	6	7	3	7	8	8	5

列項目の説明：
イ　食品の品ぞろえ
ロ　衣料・ファッション小物の品ぞろえ
ハ　品質の良さに比べ値段が手ごろ
ニ　高級感・ステータスが感じられる
ホ　売り場の分かりやすさ
ヘ　店員の応対
ト　魅力的なフェア・催し物が多い
チ　欲しいものがある
リ　百貨店カードの利用価値が高い

出所：日経流通新聞（2000年5月4日付）をもとに筆者加筆修正。

（3）　社史にみる阪急百貨店の催事への取り組み

　阪急百貨店は百貨店運営を進めていく中で，催事の重要性を認識し，その時代背景を反映して，多彩な催事を手がけてきた。1998年に発行された『株式会社阪急百貨店50年史』に基づき，催事に対する同社の取り組みについて整理してみることにする。

　営業催事について，中元の例でいえば，1958年以降，毎年7月になると中元贈答用品売場を7階催し物会場に特設するようになったとされる（株式会社阪急百貨店50年史編集委員会，1998，p.127）。1964年には，中元大売出しにあたり，販売強化のため食料品，家庭用品，雑貨など100点にわたるオリジナル進物商品を選りすぐり，エクセレント阪急と銘打って顧客ニーズに応えるようになった（同書，p.127）。

1967年以降，中元会場の規模を拡大して「総合的承り」を行うこととした（株式会社阪急百貨店50年史編集委員会，1998, p.127）。同年7月4日から8月6日までの間，7階催し物会場において「中元ご贈答用好適品承りセンター」を開設したのである（同書，p.127）。同センターでは「エクセレント阪急」コーナーをはじめ，地方への発送および東京への無料発送所を設置し，商品選びから発送までをその場で承った。同様に，同年11月28日から12月28日までの期間に「歳暮ご贈答用好適品承りセンター」を開設し，その後の中元・歳暮大ギフト・センターの原型となったという（同書，p.128）。

また，文化催事においては，たとえば，1960年代に人々の暮らしにゆとりができ，消費の多様性が醸成されつつある中で，1961年12月4日から9日まで，7階と8階の両催し物会場を使って「北海道展」を開催した（同書，p.115）。8階を第1会場・観光の部，7階を第2会場・物産の部とし，アイヌ文化や近代北海道の産業の現状などを紹介した。これ以後，北海道展は毎年恒例となり，阪急百貨店の人気催し物の1つに数えられているという（同書，p.116）。

1970年の大阪万国博覧会の開催に合わせて，阪急百貨店はうめだ本店の7階催し物会場で「世紀の写真展EXPO'70」を開催した。万国博が閉幕した後，同年の9月29日から10月11日まで7階催し物会場で「英国フェア'70」（英国政府主催）を開催した。これは「英国伝統文化と王室宝飾展」と題して英国文化を紹介するとともに，同国の商品を販売する「英国大商品展」を併設したものである（同書，p.148）。この英国フェアは，英国商品の販売や英国文化の紹介を実施するものであり，これ以後毎年の恒例催事となっている（同書，p.149）。この英国フェアは，顧客と生産者のコミュニケーションを演出する百貨店としての役割を最も確認できる催しであるという（桑原，2013, p.7）。

このように，長期的に続く営業催事や文化催事は，店全体の活性化に貢

献している。魅力ある催事づくりが，阪急百貨店の満足度にも裏づけられている。次に，阪急百貨店の催事に対する基本的な考え方と具体的な取り組みについて浮き彫りにすることにしたい。

（4）　阪急百貨店の催事に対する考え方とその機能

　本項では，現在，阪急百貨店は催事に対してどのように考え，その考えに基づいてどのように取り組んでいるのかについて，インタビューの内容を中心に議論を進めることにする。以下の内容は，阪急百貨店うめだ本店販売促進部のT氏とO氏（所属はインタビュー当時）へインタビューした2001年1月26日時点での状況に限定したものとなる（インタビュイーは匿名とする）。

　阪急百貨店では，催事とは，催し場を使用するものと定義している。同社の催事を大きく分けると，次の3種類がある。すなわち，文化催事（展覧会），バーゲン催事およびその中間形態である物産型催事である。

　まず，文化催事は販売が伴わない催事である。バーゲン催事は安売りをコンセプトとした催事である。その中間形態である物産型催事は，販売価格こそ通常価格ではあるが，編集することによって催事の内容を多様に変えていくという販売方法をとる催事である。これには物産型催事や海外催事などが含まれる。

　以下，この3種類の催事を中心に，それぞれの開催時期やターゲット層，開催内容，催事にまつわる費用および入場者数，催事の選択基準，および文化催事の機能について詳しくみていくことにする。

①　開催時期

　文化催事の場合，休みの時期に合わせて開催されることが多いとされる。たとえば，春休み，ゴールデンウィーク，夏休み，秋のはじまり，年末・

年始という休みの時期などに集中的に行われる。

　物産型催事は，ほぼ毎月開催されているとのことである。物産型催事は，2000（平成12）年度を例に挙げると，4月から順に，4月に四国物産，5月に北海道と日本の職人展，6月に京都，7月に鹿児島，8月に鳥取，9月にオーストリアのウィーン，10月に佐賀，イタリア，北海道，11月に山形，英国，長崎，翌年1月に美味探訪，2月に加賀百万石という金沢の催し，および3月に福岡となっている。これらがいわゆる大型物産型催事といわれるものである。催事の内容は必ずしも固定化されているわけではなく，完全に固定化しているものは，5月と10月に催される北海道展と，11月の英国フェア，および2月の加賀百万石展である。英国フェアは2001年で33回を数える恒例催事であり，物販と文化を融合した企画となっている。

　「12月と7月を除くとだいたい毎月のように物産をやっているわけです。集客効果をあげるため，とくに5，6年前からこういった物産を増やしてきました。といいますのは，7階の面積は740畳ぐらいあるのですが，フリースペースですね，その中で年間に収益をどれだけあげるのか我々の責任の範疇があるわけです。その収益を確保しながら，片一方ではそういった物産大会をしたり，展覧会をしたりして，そこで事業的に運営しているわけですけれども。やはり物産という分については，これは人間の本能の中で食については一番興味軸ですので，大きな集客になる。普段百貨店に置いていないものになるわけですよね。そうなると，非常に力が強いですねと。普段やっていないから来られるという話なのです。百貨店の客層の年齢が段々と上がってきているし，この頃旅慣れているとか，いまのお客さんはほとんど一回現地に行かれて，いろいろ経験されて帰って来られて，阪急でこういった物産があるから，あのとき食べたものが美味しかったとか，そういった形で阪急でリピーターになってくるわけですね。その人たちに少しでもご満足いただくように，我々としては徹底的に現地取材をしながら，7月と12月を除いて大

体毎月そういったことをやっていると。そうしないと，百貨店はご存知のように，だんだんと，言われているのは百貨から五十貨ちがうかなんか言われるわけで，扱い品目がだんだんと狭くなってくると，そういったものを中に差し込んでやっています。でもそういったものについては非常に好調です。」
（阪急百貨店販売促進部Ｔ氏）

　このように，さまざまな催しを年中行事のように行うことによって，顧客が来店頻度を増やすことにつながると考えられる。

② ターゲットの変更

　催事は，最初の頃はターゲットを特定せず，さまざまなものが行われていたが，1994年前後からジャンルとしては，婦人にターゲットを絞ったものと，子供を対象に家族動員を促すものとの２つである。夏休みやゴールデンウィークなど，子供が休みの時期には子供向けの催し物を行う一方，百貨店のメインターゲットである婦人の集客にも重きを置いている。

　「最初の方は，絵画展，黒澤明展，高句麗文化展，丸山絵画をやったり，人形たち展，シルクロード展をやったり，いろいろな形でずっときているのですが，ある時期，平成６年ぐらいから，ジャンルとしては，ご婦人方が非常に興味をもたれる部分と，片一方子供にも喜んで頂いて，これがファミリーで来店されるという部分と，大きく２つのジャンルに大体分けているのですけれども。ブランブリー・ヘッジとか，キュリアス・ジョージとか，バーバパパとか，わりとキャラクターのものが後半戦に多いと思います。お子さんに対して，お父さん方，お母さん方が多少なりとも知的レベルのお持ちの方々が興味をもたれると，そういった展覧会に変えてきているのです。片一方では，完全にご婦人方が非常に興味を持つ，特に花関係の催しが後半戦に多くなってきますけれども。お花の催しとかそういったものをさせていただいて，

片一方では非常に我々としてみたとさに，組織動員といいますか，非常に組織をもっておられるので，来店客数が増えるというような部分です。そういった形でいまやらせて頂いて，年末はたまたま20世紀から21世紀に変わるという節目で空からみた地球展という形で，21世紀の地球環境といった写真展もさせて頂いたのですけれども。大きくそういったかたちで，時期としてはお休みの時期と，子供の対象でファミリーの動員と百貨店のメインターゲットとしてのご婦人方という形でやらせて頂いています。」（阪急百貨店販売促進部Ｔ氏）

　阪急百貨店の海外催事の定番となっている英国フェアにもこのようなターゲットの変更が顕著に現れている。フェア自体のコンセプトまで男性向けのジェントルマン・ブリテンから女性向けのレディ・ブリテンへとシフトしてきた。

　「英国フェアを始めた頃のイメージは大昔から紳士の国ということでジェントルマン・ブリテンでした。しかし，催事も各フロアの売り場と同じく，百貨店がメインターゲットとする婦人が興味を示さない会場はなかなかにぎわわないということに平成5年，6年前後に気づきました。そのときから英国フェアの基本コンセプトもレディ・ブリテンに変わっていきました。英国フェアで紅茶をテーマにしたとき，英国での古いティーカップなどを借りて展示していましたが，そこに紅茶に関連するライフスタイルを，たとえばアフターヌーンティーやティーセレモニーなどを開催することによって，顧客がそこから急速に増えるようになりました。その後，英国フェアではニットの話やガーデンの話などのように本当に婦人が興味を示すような催しを続けてきました。このように英国フェアでは，男性の世界を中心とした文化催事は顧客の幅が広がらなかったため，できるだけ女性シフトへ展開していったのです。」（阪急百貨店販売促進部Ｔ氏）

　こうしたターゲットの変更を行った結果，催事の収益改善に結び付いている。実際，英国フェアは単なる物産催事として英国製品を物販する英国フェアと，婦人が興味をもつような展覧会形式にして集客力を高めて英国製品を販売するという催事スタイル（物産型催事と文化催事の融合形態）とでは，売上高が大きく異なっている。

　1988年以前では一週間の開催で売上高が約1億2〜3千万円の催しであったのに対し，1988年以降，婦人層をハイ・ターゲットに，紅茶をテーマとした明確なコンセプトに基づく英国フェアに切り替えたことで，一気に2億円を超える催しになったという。百貨店は売場と同様，催事においても，婦人や家族を重点ターゲットにしていることがわかる。

　このことは，阪急百貨店が当初想定した顧客ターゲットから経時的に別のターゲットへと移ってきたことを意味する。百貨店の催事を通じて来店頻度の高い主婦層をうまく取り込みつつ，収益獲得に結び付けることが重要であることを物語るものであるといえよう。

③　開催内容の変化

　阪急百貨店の場合，催事に費やす費用は企業全体の広告宣伝費の一部として捉えるのではなく，むしろ催事ごとの収支ベースで利益を測定している。すわなち，文化催事，バーゲン催事および物産型催事はこの基準に従っている。とはいえ，文化催事は販売が伴わないので，単体で黒字になることはない。赤字幅を可能な限り縮小するため，文化催事の内容は物販を併催する展覧会型の文化催事にシフトしてきている。

　具体的には，初期の頃，昭和の後半から平成元年にかけて，主に図録や絵葉書といった展覧会関連のミュージアムグッズを売っていくというスタイルであった。その目的は，顧客の最終満足度を高めることであって，営利目的ではなかった。

　ところが，最近の傾向をみてみると，いかに併催して，関連商品の展開

によって利益を確保できるかに焦点が置かれるようになってきた。たとえ
ば，文化催事には，世間で流行しているブームを反映し，キャラクター展
が多くみられる。アードマンスタジオ展，おもちゃ博物館，バーバパパ，
キュリアス・ジョージ，ブランブリー・ヘッジ，テディベアなどがそれで
ある。展覧会と一緒に物販が可能であるため，売上を見込んでいるものと
推察される。

　このことからみえてくるのは，全体的傾向として，百貨店の売上高減少
のトレンドがあるとしても，文化的催事を通じた収益獲得能力の向上が図
れる可能性を示唆したものとして押さえておく必要がある。

　もう1つ阪急百貨店のオリジナルの催事は，2001年で19回行っているク
ラフト展である。クラフト展はクラフト新人作家の登竜門（朝日新聞社と
阪急百貨店との共同開催）として実施されている。通常の展覧会とは異なり，
展示作品をすべて売ることに力点が置かれている。

　「これは完全に新聞社と組んで，うちと共同で，出資が阪急で，実際の実務
　運営は朝日新聞社さんが毎年やっています。まず公募して，公募された中か
　ら入選作を選んで，展示します。それで終わらないよと，展示したものを全
　部お売りします。もともとのスタートというのは，商品文化の中で，ものと
　いうのは，ありきたりのものではなくて，暮らしのゆとりを与えるような新
　しい提案をしてくれるような作品を求めたいという百貨店側の思いと，新聞
　社側としては当然一つの新規文化事業としてこういったことに取り組んでい
　って，若手創作家という，まだまだ当時としてはモダンクラフトというマイ
　ナーの分野，いまでもかなり厳しい分野かもしれませんけれども，そういっ
　たものを育てていきたいという思いが一致してやっていました。オーバーな
　言い方をすると，商品文化というのを通して，何か提案していかないといけ
　ないのです。展覧会は別に百貨店に来なくてもそれこそ立派なミュージアム
　に行かれたらもっとすばらしいものがいっぱい見られます。商品文化という

こと，商品の裏にあるよさをどうやってアピールしていけるかということで，催事をつくっていくと，結構これってお客さまが求めている，意外とそれは気づかないところなのです。」（阪急百貨店販売促進部O氏）

　また，英国フェアでも，内容的には商品の話に重点が移り，その商品に隠された文化について紹介していくというスタイルに変わっていった。通常，百貨店の催事はみるだけであるが，顧客が参加・体験できる場を提供することで，催事に対する一味違ったスタンスを打ち出そうとしている。そういった体験を通じて，阪急ブランド，阪急百貨店という場に対する信頼につなげていこうとする狙いが込められている。

　「さきほどの英国フェアのなかで変わってきたのは，タイトルどおり，ここから商品の話しに変わっていくのです。紅茶，ニットという話しで，いわば商品の裏にあった実はこういう文化があるからこそ，この商品が英国商品なのですよ。ニットにしても，なんとなく英国はニットというイメージがあるのですが，なんでニットなのだという観点からもう一度組み立ててやっています。そうすると，売上はいきなりここで150%アップしました。景気がかなり厳しくなった時期に，やはり求めていらっしゃっているものとうちの提案が一致したレアのケースといえます。こういうことを求めていらっしゃるのだなあという典型だと思うのです。ですから，軸としてそのとき展開したのはいわばよくある陶磁器コレクション，それはティーカップ，ティーポットに絞って，千点出したという話しなのですが，それだけに終わらず，陶器の専門家，紅茶の専門家をお呼びしたり，実際のティーパーティをやったりとか，全部そのものに付随することはそのまわりで全部行われていました。紅茶ってどうやってブレンドしていったらいいのか，全部英国の方にきて頂いて，ものを見せるのではなく，ことに合わせていくというスタイルを作っていったのはこの95年以降の4年間。やはり顧客の反応といいますか，見る

だけではなく，参加できますよというところが，逆に百貨店の催事でしたら
こんなことしかないのだなあと私たちも目覚めてきました。」（阪急百貨店販
売促進部O氏）

　このインタビューの内容では，開催内容の変化は，顧客との継続的な対
話やコミュニケーションを通じて，当初の企画意図から売上向上に結び付
く企画内容へと変遷してきたことが窺える。

④　催事にまつわる費用および入場者数

　わずかな催事を除いて，ほとんどのケースで入場料制を採用している。
無料催事では，顧客は期待をもたないのではないかという危惧をもってお
り，有料制にしている。物産型催事と海外催事は無料となっている。

　「これは微妙なところで，無料催事となると，お客さんは期待を持たないの
　ですよ。やるほうとしても真剣に値段をいくらにするのか，500円にするなら，
　500円に見合っているかどうかとかやっていますし。かとって，本当に一人
　でも多くの方に来て欲しいからタダにしたいのに，今度は通用しない。1人
　でも多くの方に来て欲しかったら，有料にして，招待券を増やさざるをえな
　いのです。はっきりしていますね。物産催事と海外催事はもちろん無料です。」
　（阪急百貨店販売促進部O氏）

　催事を主催するにあたって，展覧会などの文化催事より海外催事や物産
型催事のほうが多くの費用を必要とする。物流費用や仮設費用などを加算
すると，バーゲン催事の利益率が高くなる傾向にある。

　「本来は，展覧会をするより海外催事，物産催事のほうが金がかかるのです，
　百貨店からみると。物流費とか。毎年やっている中でいちばん金を食うのは

郵 便 は が き

101-8796

511

料金受取人払郵便

神田局
承認
6162

差出有効期間
令和4年11月
19日まで

（受取人）

東京都千代田区
神田神保町1-41

同文舘出版株式会社
愛 読 者 係 行

ⅡⅡⅠⅡⅠⅡⅠⅡⅠⅡⅠⅡⅠⅡⅠⅡⅠⅡⅠⅡⅠⅡⅠⅡⅠⅡⅠⅡⅠⅡⅠⅡⅠⅡⅠ

毎度ご愛読をいただき厚く御礼申し上げます。お客様より収集させていただいた個人情報
は、出版企画の参考にさせていただきます。厳重に管理し、お客様の承諾を得た範囲を超
えて使用いたしません。メールにて新刊案内ご希望の方は、Eメールをご記入のうえ、
「メール配信希望」の「有」に○印を付けて下さい。

図書目録希望	有	無	メール配信希望	有	無

		性 別	年 齢
フリガナ お名前		男・女	才

ご住所	〒 TEL　　（　　）　　　　Eメール

ご職業	1.会社員　2.団体職員　3.公務員　4.自営　5.自由業　6.教師　7.学生 8.主婦　9.その他（　　　　　　　　　）
勤務先 分　類	1.建設　2.製造　3.小売　4.銀行・各種金融　5.証券　6.保険　7.不動産　8.運輸・倉庫 9.情報・通信　10.サービス　11.官公庁　12.農林水産　13.その他（　　　　　　　　）
職　種	1.労務　2.人事　3.庶務　4.秘書　5.経理　6.調査　7.企画　8.技術 9.生産管理　10.製造　11.宣伝　12.営業販売　13.その他（　　　　　　　　）

愛読者カード

書名

◆　お買上げいただいた日　　　　　　年　　　月　　　日頃
◆　お買上げいただいた書店名　　（　　　　　　　　　　　　　　　）
◆　よく読まれる新聞・雑誌　　　（　　　　　　　　　　　　　　　）
◆　本書をなにでお知りになりましたか。
　1．新聞・雑誌の広告・書評で　（紙・誌名　　　　　　　　　　　）
　2．書店で見て　3．会社・学校のテキスト　4．人のすすめで
　5．図書目録を見て　6．その他（　　　　　　　　　　　　　　　）

◆　本書に対するご意見

◆　ご感想
　●内容　　　　　良い　　普通　　不満　　その他（　　　　　　　）
　●価格　　　　　安い　　普通　　高い　　その他（　　　　　　　）
　●装丁　　　　　良い　　普通　　悪い　　その他（　　　　　　　）

◆　どんなテーマの出版をご希望ですか

<書籍のご注文について>

直接小社にご注文の方はお電話にてお申し込みください。宅急便の代金着払いにて発送いたします。1回のお買い上げ金額が税込2,500円未満の場合は送料は税込500円、税込2,500円以上の場合は送料無料。送料のほかに1回のご注文につき300円の代引手数料がかかります。商品到着時に宅配業者へお支払いください。

同文舘出版　営業部　TEL：03-3294-1801

これです。展覧会をやりますと，企画費は7，8百万でだいたい200坪の展覧会ができるのですが，造作費を入れて1千万があればできるということなのです。英国フェアは倍以上かかる話しなのです。地方の物産大会ですと，たとえば北海道をやると，片一方の経費だけをみるとすごく金がかかるのです。1千万以上かかっているわけです。物流，あとは衛生のための冷蔵庫とかそういったもの仮設費用といいますか，いちばん大きな費用を占めていますね。持ち出しだけの話しですので，入ってくることを考えるから当然圧倒的にそうなのですが，ただ出ていく金額の大きさというのは比べ物にはならないのです。物産大会というのは本当に儲かっていないのです。それに伴って動いているものの量，人はすごいことですから，儲けようと思ってやる催しではないのです，少なくとも。たぶん物産大会で1億を売るとしたら，3分の1の売上のバーゲン大会のほうが利益が高いです。1億を売っても，3千万のバーゲンのほうが最終利益が高いです。」（阪急百貨店販売促進部O氏）

　また，入場者数に関しては，文化催事を1回開催して，1週間で入場者がほぼ1万5～6千人になるとのことである。しかし，以前に比べ，入場者数がかなり落ち込んでいる。たとえば，1991年頃に，南方熊楠展が3万人，翌週のくまのプーさん展も3万人が記録されていた。当時は2万人を超えて当然という意識だったという。2001年当時では，土曜，日曜を合わせて3,400～3,500人が入場しており，平日にいたっては1,700～1,800人程度にとどまっている。成功しても2万人前後とのことである。

　この事例から，催事のコストをどのように考えるべきであろうか。確かに利益の観点からは，バーゲンのほうが採用されやすい。一方で，文化催事はコストがかさみやすい。これを百貨店の販売費として認識し，顧客の来店頻度を高め，ブランド向上につながり，長期的な顧客獲得・定着に一役買っているとすれば，単体でのコストは長期的視点では回収できていると解釈することができる。

⑤　催事の選択基準

　まず，文化催事についてであるが，コストや人手を考慮すると，企画会社からの持ちこみが多いとのことである。その場合，自社企画ではないため，自社の顧客層に合うかどうかによって，開催可否の選択が行われる。

　「我々自身が進める場合と，企画会社からの持ちこみの部分と両建てがあります。展覧会となると，やはり文化催事は集客の部分がありますので，そうなると全国にもって回ってこられるようなもので，うちの客層と合うなあというようなものであれば開催していく。いま我々とこのスタッフが24名ぐらいで，当社自身だけで組み立てる時間がないのです。人手の問題よりコストの問題もあります。うちの場合は，うめだ店しかそういった催事スペースはないので，1店舗では絶対負担しきれないというか，投資に見合う効果が上がらないのです。そうなると，新聞社なり，テレビ局なり，といったとこが主催に立たれて，実際各会場から分担金というかたちで負担を決めてされているのに，うちがのっていくという形です。

　　企画サイドでいくと，やはり企画者にしても，準備期間，交渉からずっと実施まで2年かかります。うちは大丸さんとか髙島屋さんみたいにミュージアムをもっていないので，新聞社さんやテレビ局が仕掛けられるような本当に大掛かりの，いわゆるメディアと同時に仕掛けられるような構想3年ものとか，そんな形になりますので，なかなかうちには回ってこないのです。もちろん，新聞社さんもつねに構想3年ばかりではないので，1年ぐらいのもの，どうしても大阪ゆかりなので，大阪を起点に全国を回したいという思いをもってスタートしたもの，その場合は必ずうちか髙島屋さんにそういう話しを頂いて開催しているというのは現状です。」（阪急百貨店販売促進部O氏）

　海外催事の場合，歴史が長く，ものと文化の広がりが期待できる国は催事として成り立ちやすい。過去開催してきた海外催事の中で，結果的に英

国，イタリア，フランスに絞られてきた。とくに，英国フェアのような長期的に顧客に受け入れられている催事にはそれなりの要素が備わっている。たとえば，ベースとなるライフスタイルの手本が提示されていて，参考にしやすいことがポイントになるといえよう。

「英国とイタリアと，去年はウィーン，そして中国もやりました。そのつど話題性があったもの。来年ワールドカップがあるので，韓国のもしないといけないと思うのですが。ただ，その国によって，ものと文化の広がりができるところとそうでないところがあります。どうしても歴史的に浅い国はなかなかしにくいですね。意外とよその店をみても，英国とイタリアぐらいですね，結局残ってきたのは。やはり売上がきっちりと取れるといいますか，商品がトータルにあります。うちの長年の施策で，そういった駐在事務所というのがずっとありまして。いまはイタリアを縮小して英国に集約したのですが，情報がしっかりと広がりやすい，独自性を出しやすい，ということで英国とイタリアがずっと続いています。過去やっている中では英国，イタリア，フランスが三本柱だと思います。

英国もうちと三越さんぐらいしかしていなかったのですよ。三越さんも必ず2年に1回というペースが決められて，うちと同じぐらい，もっと歴史があるかもわからないのですが。うちだけが関西では毎年やり続けていたのですよ。商品が変わらないからといいますか，基本的に。ライフスタイルのお手本が見えている，それからイタリアも見えますよね，なんとなく。ベースになるのはライフスタイルですね。やはり英国だけはお手本になりやすいでしょうね。」(阪急百貨店販売促進部T氏)

⑥　文化催事の機能

　阪急百貨店における催事には，次のような機能がみられる。すなわち，店頭では通常取り扱わない，売れ筋商品以外でニーズのあるもの，および

値段的に取り扱えないものである。

「催事にはこういう要素があります。通常の店頭にないもの，百貨店からどんどん売れる商品に絞っていくと，どうしても抜けてくるものがある。そういったものをこの時に，時期によって補完していく。あとは値段ですね。各階にありますけれども，どうしても値段的に合わない，というときに，そういったものをここで品揃えていく。…（中略）…時期によって，価格でラインアップを上げれば，売上が上がる。その展開する場所がない，面積が足りない。このときに爆発的に売れると，ふだんの倍ぐらいの面積がほしいと。そのときはここの催し会場を補完機能として営業部は使ってもいいのではないかと。」（阪急百貨店販売促進部O氏）

　阪急百貨店では，催事は客数と客層を確保することを目的としている。各フロアはターゲットマーチャンダイジング（顧客層に合わせた品揃え）を進めているため，顧客の層が狭まってくるという傾向にある。催事を行うことによって，来店する顧客数を増やすだけでなく，店全体として来店する顧客の全体の割合を一定に保つという役割を果たしている。

「いま社内的で，客数と客層を稼げと，催事は。各フロアはいまやっているターゲットMDで，絞り込んで，一顧客の買い上げ額，買い上げ頻度をあげていきましょうと，世の流れにそった動きになると。そうなればなるほど，顧客の層というのは狭まってきますよね。狭まった分を逆に上を増やすことによって，店全体としてのトータル来店顧客のプロポーションは変わっていないよ，というスタイルでもっていこうということで，催事の目的も客数と客層だということをいまやっていまして。」（阪急百貨店販売促進部O氏）

　また，催事にはファッション性，エンターテインメント性および斬新さ

という特徴を兼ね備えている。通常の売場は，改装するとしても，1年ごとになるが，催事になると，1週間単位で可能である。トレンド性も発揮しやすい。阪急百貨店における催事の役割は，店として通常品揃えできないラインナップについて，商品の品揃えの充実を図っていくことにあるといえよう。

（5） 小括

　以上の議論から明らかなように，阪急百貨店は，集客効果やイメージアップ効果を上げるために，積極的に催事を繰り広げてきたことがわかる。インタビューや社史などに依拠しながら考察した結果，阪急百貨店の催事は次のようにまとめることができよう。

①通常の売場と同様，催事のターゲットが婦人や家族に焦点をシフトしてきている。

②催事の内容は，単なる商品の展示にとどまらず，商品文化の紹介を通じて，商品の背後にある高品質なライフスタイルを提案するものでなければならない。また，顧客が催事に参加できることも求められている。

③百貨店の催事で紹介されているライフスタイルが消費者の手本になりやすいことや，もしくは消費者の生活に取り入れられやすいことが重要である。

④催事は，店頭に通常置かないもの，売れ筋商品以外でニーズのあるもの，および値段的に取り扱えないものを補完していくという機能が期待されている。

⑤文化催事は，集客効果としての役割だけでなく，阪急というブランドイメージ，場に対する愛着を育てる手段として大いに活用されるべきである。

こうした発見事項に基づけば，百貨店は今後，活性化を図るうえで，店のコンセプトに沿った文化の情報発信を行いつつ，店格を上げるような催事を定期的に開催する必要があるといえよう。魅力ある文化催事を開催することによって，既存顧客層の満足度の維持はもとより，ファッション性，エンターテインメント性および提案力を発揮して，新規・既存顧客を育成していくことも可能になると考えられる。

第4節　百貨店の自主編集による業態イノベーション
—大丸神戸店のケース—

本節は，大丸神戸店の自主編集（百貨店が自らの責任で商品企画や品揃えを行うこと）の取組事例を通じて，当該百貨店がどのように業態としてのイノベーションを図ろうとしているかを明らかにする。

小売業界は，次々と新しい業態が出現する業界である。百貨店業態は，総合量販店（GMS）やコンビニエンス・ストア，衣料専門店など新たな業態の出現に伴って，相対的地位が年々低下してきた。さらに，近年，Amazon.comなどのEコマースによるネット販売の登場が，百貨店の業態衰退に追い打ちをかける形となっている。そのため，百貨店を取り巻く環境は一段と厳しさを増している。

とはいえ，百貨店は，小売業の中で1つの業態としていまもなお大きなポジションを占めている。もともと百貨店業態は，取引先に市場リスクを負わせる委託・消化仕入が基本的なビジネスモデルである。自社で市場リスクを負う自主編集型売場は，得意分野ではない。

一般に，委託・消化仕入はローリスク・ローリターンの仕入方式をいい，市場リスクが低い代わりに粗利が低い。一方，買取仕入（自主編集を含む）はハイリスク・ハイリターンの仕入方式をいい，市場リスクを負担する代

わりに高い粗利を享受できる。

　髙島屋は，「百貨店の編集力を発揮した売場と，流行を捉えた鮮度の高い専門店のベストミックスにより，幅広い品揃えを実現」という考え方に基づき，さまざまな切り口から売場の自主編集を拡大している。2016年9月からはじめた自主編集型売場「シーズンスタイルラボ」では，人気スタイリストと組み，40〜50歳代女性向けに髙島屋の独自商品などを中心に販売を展開している。日本橋店では2016年9月〜12月の売上高が目標を上回ったとされる（日経流通新聞2017年1月16日付）。

　また，阪急阪神百貨店は，2016年に高級カジュアルウェアなどを集めた自主編集型売場を新設した。この売場を設けた理由は，景気に左右されにくい富裕層のシェアを高めることにあり，他の百貨店とは異なる新しい切り口で商品を品揃えすることで，近隣地域の顧客層のみならず，より幅広い地域から集客しようとする狙いがあるとされる（日本経済新聞2016年9月6日付）。

　このように，百貨店業界では，売場の自主編集というこれまでやや不得意とされてきた分野に挑戦するとともに，他の業態では一般的に行われてきた自主企画商品（PB）に着手するなど，収益力の向上と競合他社との差別化を図ることで生き残り策を模索してきている。

　以下では，百貨店業界で従来の百貨店のビジネスモデルに対し，どのような業態イノベーションが模索されてきているかを明らかにする。具体的に，①小売業態のイノベーションに関する既存研究および本研究の視点を説明し，②J.フロントリテイリングの傘下にある大丸神戸店へのインタビューや内部資料に基づき，自主編集型売場の具体例を記述し，③本研究の課題を整理する。

（1） 既存研究のサーベイ

　百貨店の業態イノベーションを論究するにあたって，先行研究をレビューする。小売業態のイノベーションに関する既存研究では，商品の供給システムやチェーンオペレーションを前提とするものが多くみられる（矢作，1994; 2000; 2007; 2014; 小川，2000; 金，2001; 高嶋，2003）。このうち，最も注目すべき研究として矢作（1994; 2000; 2007; 2014）がある。

　矢作（2007）によれば，小売イノベーションを「機能」と「組織」の2つの次元から捉えることができるとされる。すなわち，機能面では，顧客に対する販売上の対応関係で決まる小売業務システム，商品調達システムおよび商品供給システムで構成され，組織面では，小売業務を遂行する主体としての単一組織問題である組織内関係と，商品の調達と供給を担う取引先企業との関係を扱う組織間関係で構成されている。

　また，矢作（2000）は，顧客関係の面では，顧客との対応関係で決まる小売業務システムがあり，その生み出す便益は通常，品揃え，ロット・サイズ，立地，時間といった小売サービス水準として測定されると指摘する。さらに，小売サービス水準が高く，顧客の負担する費用水準が低いほど顧客価値は高くなるゆえ，小売イノベーションは顧客価値を創造する新機軸といえる（矢作，2000）。したがって，小売業態のイノベーションの核心は，どのように価値がつくられるのかにある（矢作，2014）。

　上記の議論の中で，顧客価値の創造が小売業態イノベーションの焦点となっていることがわかる。顧客価値には，差異化された価値とローコストな価値の双方を含んでいるとされる（Afuah，2004; 矢作，1994; 2000; 2007; 2014）。小売業における価値の創造には，新しい業態の創出（たとえば，スーパーマーケットのような大きな業態革新）という抜本的なイノベーションと同時に，業態内での価値の差異化と低価格化という漸進的なイノベーションを含むことになる（矢作，2014）。本節では，後者の業態内の価値の差

異化に注目したい。

　小売業の価値創造を考えるにあたって，Sorescu et al.（2011）は効率性，有効性，顧客関係の3つをデザイン・テーマとして挙げた（**図表3-3**）。とくに，このうちの顧客関係には小売業におけるイノベーションを考えるうえで，重要な含意が含まれている。

　具体的に，価値創造における効率性では，顧客の店頭での経験価値を高めるために，売場特性に応じた店舗運営や専門性の高い販売員による店頭サポートなどが重要とされている。また，有効性では，顧客のニーズを起点とした価値提案が必要とされ，市場の変化に対応した品揃えの考案が重要とされている。さらに，顧客関係では，顧客に情緒的に訴え，顧客との接点拡大への仕掛けが重要とされる。こうした3つの視点は，まさに本章で取り上げる売場の自主編集の中核をなす部分である。以下では，前述の3つの視点を中心にみていくことにする（Sorescu et al., 2011）。

　本節の対象となる百貨店は，他の小売業にない独自の業態特性を有している。ここでいう独自の業態特性とは，顧客のあるべき消費生活の未来を先取りした独自の文化や情報発信機能，広告戦略および優れた商品開発能力を有していることをいう。百貨店は，消費革命の重要な担い手とされて

● **図表3-3　小売業イノベーションのデザイン・テーマ**

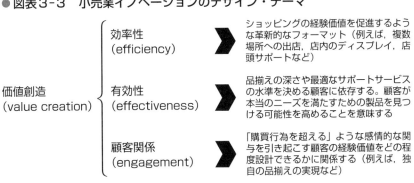

出所：Sorescu et al.（2011, p.8）をもとに筆者作成。

きた（山本, 1999）。

　こうした特性は，GMSやコンビニエンス・ストアなど他の小売業態ではあまりみられない。高級感のある商品を販売するだけではなく，売場に文化的，エンターテインメント的な要素をもたせることによって，百貨店業界は他業態に対する優位性を保ってきたのである。

　しかしながら，近年，百貨店を取り巻く環境は急激に変化し，業界の垣根を越えた競争が繰り広げられている。百貨店弱体化の要因として，外的要因以上に百貨店の内的要因が大きいとの指摘がある（日経ビジネス, 2015年6月22日号, p.72）。

　この内的要因とは，売場の同質化と収益力の低下をいう。どの百貨店に行っても同じような売場構成であったり，代わり映えのしない品揃えであったりすることに辟易した経験は誰にも一度はあるだろう。顧客がわざわざ実際の百貨店の店舗に足を運ぶのは，そこでしか得られない新しい発見や体験を求めているからにほかならない。

　価格戦略で対抗するのではなく，顧客ニーズに対応することができなければ，同業他社との差別化に失敗するだけでなく，ネット通販等の他の業態に顧客を奪われ続けていくことになる。実際に，H&MやZARA，ユニクロ等の製造小売業（SPA）に，百貨店の顧客の一部を奪われる結果を招いている。ゆえに，百貨店による売場の自主編集は，百貨店が業態として生き残るための戦略として位置づけることができる。

　本研究の分析の枠組みとして，矢作（2007）と Sorescu et al.（2011）の枠組みを援用し，売場の自主編集という切り口を用いて，百貨店業態のイノベーションについて分析することにする（**図表3-4**）。

（2）　事例研究―大丸神戸店のケース

　以下では，大丸神戸店へのインタビューや内部資料に依拠しながら，大

● **図表3-4　百貨店業態における売場の自主編集によるイノベーション**

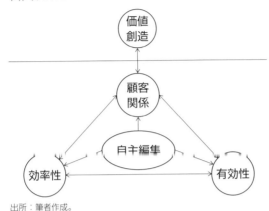

出所：筆者作成。

丸百貨店における売場の自主編集に対する取り組みの事例について考察する。インタビューの実施日は，2015年7月31日である。インタビューの対象者は匿名とする。

①　自主編集型売場の位置づけ

　百貨店の売場運営には，「ショップ型売場運営」と「自主編集型売場運営」という2つの形態が混在する。「ショップ型売場運営」とは，取引先に現場の業務を委託する売場形態のことをいい，従来から百貨店で典型的に行われた売場運営の手法である。

　具体的には，取引先に売場を貸し出し，売れた分のみを消化仕入の形で仕入れるが，もし売れ残りが出れば当該ショップに無条件で返品できるという仕入形態であり，売場構成の大半を占めていた。

　この手法のメリットとして，百貨店はリスクを負わずに多種多様な商品を幅広く提供できる。他方，デメリットとして，当該ショップの品揃えは取引先の意向に左右されてしまう。このため，百貨店は売場づくりや品揃えに対する自前のノウハウを蓄積することができなくなり，独自のマーチ

ャンダイジングに必要なスキルや感性を磨けず、ショップに依存せざるを得ないという悪循環を生みだすこととなる。

　さらに、消化仕入の利幅は小さいため、ショップの導入で利益率を上げるのは困難である。リスクを負わず、取引先に現場の業務を委託するショップ型売場運営が百貨店の弱体化の原因だとよく批判されるのはそのためである。

　とはいえ、ショップ型売場運営を完全に排除してしまうと、リスク回避や集客力などのメリットを失ってしまうという新たな問題を生じさせてしまう。そこで、注目されたのは、ショップ型売場運営を残しつつ自主編集型売場の拡張を目指すというものであった。

　自主編集型売場とは、百貨店が商品の買取りを行い、在庫リスクを自社で負担する代わりに、商品構成に関する意思決定を自社で行い、粗利益率の向上を図るために設けられた売場のことをいう。

　上記の議論をまとめると、本ケースでいう百貨店のビジネスモデルは**図表3-5**のような概念図に要約することができる。

　図表3-5で示されているように、独自性を出しやすい自主編集と、集客力のあるテナントショップ運営をバランスよく組み合わせた売場戦略をいかに構築していくかが百貨店の生き残りを左右する重要なポイントになっている。

　すなわち、消化仕入を特徴とするショップ運営がもつ集客効果や品揃えの豊富さなどの利点を最大限に活用する。加えて、ショップ運営による利幅の薄さという弱点を補うため、買取仕入を特徴とする自主編集の漸進的な拡大を図る。こうした取り組みによって、百貨店各社は、「同質化からの脱却」や「収益性の向上」といった喫緊の課題に対応していくことが可能になるであろう。

　本節の事例研究の対象となったJ.フロントリテイリングは、旧来のビジネスモデルにとらわれない、「お客様がわざわざ足を運びたくなるような、

● 図表3-5　大丸神戸店の目指すビジネスモデル

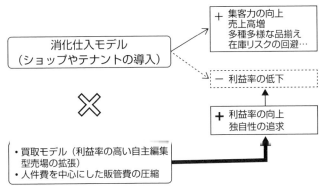

出所：筆者作成。

魅力的でかつ収益性の高い店舗を創造するための百貨店再生プログラム」
を内容とする新百貨店モデルの事業戦略へと大きく舵を切っている（J.フ
ロントリテイリング，2017）。

　2011年9月，新百貨店モデルをより進化させるために，本社MD部門を
従来の商品分類別の組織から，売場運営形態に対応して2つの部署に改編
した。すなわち，自主編集型売場運営を担当する自主事業統括部と，ショ
ップ型売場運営を担当するショップ運営統括部への再編である。従来の売
上・粗利追求主義から営業利益重視へと経営戦略を転換し，利益創出のた
めに仕掛けをつくるなど，新たな試みを数多く導入している。

　また，J.フロントリテイリング（2017）によれば，百貨店のコアコンピ
タンスには「都心の好立地に店舗展開」および「優良な顧客資産を保有」
という2つがあるという認識が示されたうえで，リアル店舗としてこうし
た2つのコアコンピタンスを最大限に生かしきれていないことが最大の課
題であると指摘されている。自主編集型売場の再構築は，リアル店舗の価
値最大化を図るための1つの仕掛けとして位置づけられている（**図表3-6**）。

● 図表3-6　J.フロントリテイリングの目指す新百貨店モデル

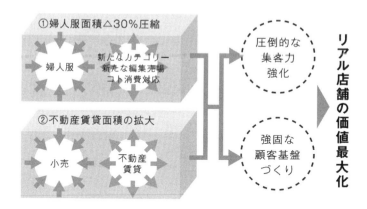

②　自主編集型売場の展開

J.フロントリテイリングの自主編集型売場運営は，婦人・紳士の洋品雑貨（たとえば，婦人靴，婦人洋品，ハンドバッグ，紳士洋品，紳士靴など）の自主編集と，自主企画およびPBに大別される。

以下では，**図表3-4**で取り上げた百貨店の自主編集による業態イノベーションの枠組に沿って詳しく述べることにする。

1．効率性

Sorescu et al.（2011）によれば，小売業イノベーションでいう効率性とは，ショッピングの経験価値を促進するような革新的なフォーマット（たとえば，複数場所への出店，店内のディスプレイ，店頭サポートなど）のことをいう。

J.フロントリテイリングは，百貨店が高コスト構造をもつに至った原因は，買取仕入と消化仕入の2つの仕入形態による売場運営，すなわち自主編集型売場運営とショップ型売場運営をきちんと峻別しないまま抱え込んでしまったことにあると認識していた。この2つはさまざまな点で相違してお

り，たとえば業務運営のプロセスや取引先との責任と権限のあり方，商品情報システム，人員配置，運営する人材に必要な知識や技能，さらには粗益率と経費を中心とする収益構造などの面で異なっている。

そこで，まず，売場の運営形態を自主編集とショップ運営の2つに大きく分類し，自主編集型売場運営では，仕入は本部一括とし，販売は店舗が行う体制をとった。一方，ショップ運営においては，マーチャンダイジングは取引先に完全に委託する形をとり，大丸は，接客指導，プロモーション，顧客対応（関係づくり）などの業務に注力するようになった。

さらに，自主編集型売場運営の販売は，大丸松坂屋百貨店の子会社として，2012年9月に設立した販売業務受託業の「大丸松坂屋セールスアソシエイツ」（DMSA）が担っている。専門性の高い販売員により販売力の向上を図るとともに，人員の移管を進めることによって，人件費を中心とした販管費の圧縮も同時に図ろうとしている。

このように，売場の自主編集における効率性とは，ショップ型売場運営と自主編集型売場運営との役割分担を明確化し，売場特性に合わせたオペレーションの確立と効率的な人員配置を実現することにある。

自主編集型売場は，百貨店が自らの意思決定により売場の拡大縮小や品揃えの変更を自由に行うことができる。そのため，顧客や市場の変化に迅速に対応することが可能となる。

また，顧客が見やすく買いやすい売場を実現することによって，顧客の経験価値を高めるための有力なフォーマットを提供することができる。

一方，百貨店が在庫リスクを負担することにつながるものの，ショップ型売場運営に比べて粗利益率が高いことから，効率的な運営が達成できれば，低収益構造から脱却し，百貨店の新たな収益源として収益力の強化を図ることにもつながる。

2．有効性

Sorescu et al.（2011）によれば，小売業イノベーションでいう有効性とは，品揃えの深さや最適なサポートサービスの水準を決める顧客に依存することをいう。顧客が本当のニーズを満たす製品を見つける可能性を高めることを意味することである。

まず，顧客が本当のニーズを満たす商品を見つけやすいように，顧客の価値観に合わせた「コンセプト」や「テーマ」に基づき，ブランドやショップ，商品などの編集を行った。一例として挙げられるのは，自主編集の4割を占める婦人靴のケースである。

企画開発を行うにあたり，市場分析を行った。具体的には，婦人靴の売上データ，自社カードによる顧客情報，現場の販売員の声などの情報を収集し，分析した。その結果，潜在的な顧客ニーズが存在することがわかった。

具体的には，「低価格帯の婦人靴はデザイン重視のものが多く，履き心地に不満がある。一方で，履きやすく長く履いても痛くならない靴はデザインの魅力に欠ける」というものであった。こうした顧客の声に着目し，バイヤーとともに商品開発のフレームを決定した。「機能×デザイン」に新PB「アデリナ」，「機能×低価格」に既存PB「ディセットディセット」の新シリーズで，ともに「機能にこだわり，疲れにくく，おしゃれに履ける靴」をコンセプトに開発に取り組んだ（J.フロントリテイリング, 2014）。

また，顧客のライフスタイルに合わせたコンセプトの提案も行った。たとえば，2015年3月から，大丸京都店2階のラグジュアリーブランド売場の中に，約40の国内外ブランドを集積した特選雑貨の自主編集型売場をスタートさせた。靴，バッグ，ネックウェアなどの商品カテゴリーを越えて編集することによって，流行に敏感なニューリッチ層をターゲットとして取り込んでいく試みである。

このように，自主編集型売場は，商品アイテムの開発だけではない。バ

イヤーの目利きや新たな企画づくりを通して，新しい顧客層や新しい顧客ニーズを創造することも目指している。このことも「百貨店らしさ」への原点回帰であり，他の業態や同業他社に対する差別化戦略の1つとしての可能性を示唆している。

3．顧客関係

Sorescu et al.（2011）によれば，小売業イノベーションでいう顧客関係とは，購買行為を超えるような情緒的な関与を引き起こす顧客の経験価値をどの程度設計できるかに関係する（たとえば，独自の品揃えの実現など）ことをいう。

自主編集型売場では，独自の品揃えを実現し，自主企画商品を開発するなど，顧客の経験価値を設計し，顧客との強い関係性を引き出す取り組みが行われている。顧客関係については，主に新規顧客の開拓と既存顧客の維持の2つの側面から捉えることができる。

まず，既存顧客の維持についてであるが，たとえば，従来，婦人服のアイテム編集平場として「シーズンメッセージ」が展開されていたところ，2011年2月から，40代に向けた自主編集型売場として，新生「シーズンメッセージ」をスタートさせた。「カジュアルだけど上品に着こなしたい」「体型を気にせずスタイリングを楽しみたい」といった40代のニーズに対応し，"私の売場"として感情的な関与を引き起こすような売場の構築を目指したという（J.フロントリテイリング，2011）。

前述した婦人靴の例も同様に，百貨店と親和性の高い働く女性を惹きつけるための取り組みであると捉えることができる。婦人靴は定期的な買い替え需要が見込めるため，既存顧客の購買頻度の向上にも寄与しやすい戦略商品といえる。顧客の声を反映したおしゃれで履きやすい靴を開発し，婦人靴自主編集型売場を構築することで，重点顧客となる30代から40代女性との関係性を強める狙いがあると考えられる。

また，新規顧客の開拓という視点についてであるが，たとえば，50年以上の歴史をもつ大丸の紳士服「トロージャン」のリモデルを行った。既製服というイメージが強かった「トロージャン」であったが，パターンオーダーを同じショップ内で展開することにより，より幅広い顧客との接点をもつことになり，大丸らしい独自のマーチャンダイジングの実現にもつながっている。

　さらに，自主編集型売場の柔軟性を最大限に生かし，新たな販売チャネルにも参入しようとしている。若年層との接点を開拓するために，大丸は三井不動産が運営する三井アウトレットパークマリンピア神戸にも出店した。加えて，百貨店に来ない顧客との接点づくりを構築するため，PBの紳士服や婦人服のほか，海外で買い付けた衣料・雑貨も対象とする。たとえば，イタリアの大手シャツブランド「カミチッシマ」を独占販売し，百貨店では珍しいバンドル販売やサイズ別展開による「お得感」，「選べる楽しさ」に加え，大丸・松坂屋でしか買えない「希少価値」を訴求した。百貨店でワイシャツをほとんど購入しない顧客を新たに取り込むことにつながると期待されている。

　これまで百貨店業態では，他の新業態の登場により，潜在的な顧客を取り逃がしてきたことが収益力の低下を招いてきた。ここで検討してきたように，自主編集型売場の工夫次第では，潜在顧客の掘り起こしや既存顧客との関係性の再構築に大きく寄与することができるのではないだろうか。

（3）　小括

　以上での考察をまとめると，百貨店の自主編集による価値創造は**図表3-7**の通りである。

　図表3-7は，先行研究をもとに概念化した**図表3-4**の枠組みを百貨店の売場の自主編集に応用したものである。具体的に，自主編集型売場による価

値創造は，大きく効率性，有効性，および顧客関係の3つに分類することができる。効率性では，売場特性に応じた店舗運営改革や仕入れ構造改革によるコスト削減，専門性の高い販売員による販売力の向上などによって，顧客の店頭での経験価値を高めようとしていることが明らかとなった。

また，有効性では，顧客のニーズを起点に百貨店ならではの価値提案を行い，市場の変化に対応した新たなカテゴリーの開発や顧客層の拡張を図ることによって，他社との差別化を実現しようとしていることが明らかとなった。

さらに，顧客関係では，顧客接点拡大への仕掛けや独自商品の開発を積極的に行い，潜在的な顧客の掘り起こしや既存顧客との関係性の強化を図ろうとしていることがわかった。

以上の議論から，大丸神戸店の事例から，百貨店は売場の自主編集事業を強化し，収益性の向上と差別化の追求を図ることによって，業態内外での競争優位性を獲得しようとする独自の試みを浮き彫りにした。一般に，百貨店再生の起爆剤といえば，ユニクロやポケモンセンターのような大型専門店をいかに導入していくかに耳目を集めがちである。ところが，集客

● **図表3-7　百貨店業態における売場の自主編集によるイノベーション**

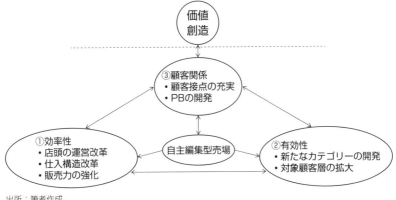

出所：筆者作成。

力は確保できたとしても，百貨店は市場での主導権を取り戻すことはできない。百貨店は長年，委託・消化仕入に依存してきた結果，販売のノウハウやスキルを蓄積することができず，リスク回避的な戦略により自主編集型売場の運営に二の足を踏んでいた。今後，他の業態からの攻勢に対抗していくためには，自主編集型売場の運営という新たなイノベーションを起こす必要があり，既存・潜在的顧客に対し，百貨店でしか得られない経験価値を新たに訴求していくことが求められているのである。

第**4**章

三越PR誌からみる
中元文化の形成と百貨店の関係性

第1節　はじめに

　江戸時代から続いてきた中元という慣習は，明治から大正にかけての百貨店の誕生以降，どのような働きかけが行われ，消費者との間にどのような相互作用が起こり，その結果，どのような中元文化が形成されていったのであろうか。このことを明らかにするため，日本ではじめて誕生した三越百貨店を考察対象としてその初期段階で，どのように中元贈答品に取り組んできたのかを，三越が当時発行したPR誌を手掛かりに確認することにする。

　「株式会社三越85年の記録」では，三越の歩みが「近代百貨店への道（明治37年〜大正11年）」，「百貨店のリーダーを目指して（大正12年〜昭和11年）」，「百貨店法施行と戦時体制（昭和12年〜20年）」，「戦後復興期（昭和21〜30年）」，「大衆消費社会の到来（昭和31年〜45年）」，「国際化のなかの三越（昭和46年〜57年）」，「新生三越の誕生（昭和58〜60年）」，「拡百貨店への道（昭和61〜63年）」に分けられている（三越, 1990）。

　ここでは，三越百貨店が誕生した明治から大正にかけての「近代百貨店への道」を手掛かりとして，中元ギフトへの取り組みの様子をみていくことにする。依拠する資料としては，三越が当時発行したPR誌「時好」，「みつこしタイムス」，および「三越」3誌の中で中元に関連のある箇所，すなわち，宣伝文，掲載される品揃えの変化，当時の中元の様子という3つの側面に注目する。

　「時好」は明治36（1903）年8月に月刊誌として発刊されたが，月1回の出版物は「時勢の進歩に伴わず，聊か機敏が欠く」ため，明治41（1908）年5月をもって終刊した。6月に「時好」に代わるPR誌として「みつこしタイムス」が月3回発行することになった。明治44（1911）年に学俗協同の精神を強調するため，新PR誌「三越」が発刊された（三越, 1990）。

第2節　PR誌の宣伝文

　1906（明治39）年，三越は「呉服切手」に代えて「商品切手」を登場させ，1907年のPR誌で理想的な中元贈答品として消費者に薦めていたのは，新たに登場した商品切手であった（三越，1990）。すなわち，明治25年から発行されていた「呉服切手」は後年の商品券にあたるもので，1円，10円，100円などがあり，歳末，年始などの贈答用として販売されていた。これを，この年6月から「商品切手」と名称変更したのである（三越，1990）。

　1907年「時好」（明治四十年第五巻第八号）では，次のような見出しがみられる。

　「理想的中元の贈答品

　中元の進物の選択をば等閑に付する人ありや？

　商品切手を理想的也というを喜ばざる人ありや？

　三越商品切手を推薦するに異議ある人ありや？」

　続く本文では，「中元の進物は日本固有の習慣」と明言し，理想的進物には「体裁のよいもの」，「先方の役立つもの」，「価格の大体わかるもの」という3つの要件が重要だと書かれている（三越，1906）。その要件を満たすものには商品切手があり，さらに三越の商品切手が現金同様で，流通区域がきわめて広いということで，中元進物の中での「最優等品」と位置づけられた（三越，1906）。

　翌年，1908年「みつこしタイムス」（明治四一年第一巻第四号）では，次のような記述がみられる。

　「今年も中元の進物品御贈答の季節に迫りましたが，何が一番体裁好く，又

何が最も先方で喜ばれるや，彼か是れかと，品物の選定方に少なからず心配せられる例であるが，之は徒に思案せられるよりも，此問題を解決せられる最も良い方法は，何よりも先づ三越へ御来店遊ばされるに限ります。」

　続く文章では，三越がデパートメントストアであることを改めて強調し，「三越一軒で整う」ことが可能で，中元進物が三越ですませることが便利であることをアピールした（三越，1908）。

　1909年「みつこしタイムス」（明治四二年第七巻第七号）では，次のようなキャッチコピーがある。

　　「中元の御贈答品は僅々十分間に何の考慮を要せずして調えられる
　　理想的中元の御進物は三越にて整う
　　中元の御進物は歳暮年始のそれよりも大切なり
　　御重宝なる三越商品切手と夏季必需品」

　続く文章では，「中元の御進物は最も注意を要す」，「御重宝なる三越商品切手の特色」，「商品切手以外の贈答品は何が最も好適なるや」という３つの構成で中元商品の宣伝をしていた（三越，1909）。「中元の御進物は最も注意を要す」の中で，年始なら半紙とか菓子折，中元なら砂糖とか素麺，歳暮なら鴨とか鮭という従来の贈り方に対し，それは「通り一遍の交誼を現わすに過ぎぬ勘定で，奥床しいところが少しもございません」と批判し，中元の進物ならまず体裁よく，しかも喜んでもらえるものを選んで贈答するものであることを主張した（三越，1909）。そうすることによって，趣味も深くかつ平常の疎遠に報いる真心も現れると指摘し，この年の三越のおすすめ商品が次のように列挙されていた。

　「御重宝なる三越商品切手の特色」の一節では，通り一遍の贈答品を避けて，まず便利で，重宝なるものは商品切手であって，商品切手には，向

き不向きがない，体裁がよい，持ち運びが便利で，流通区域が広いなどの
メリットを明示した（三越, 1909）。

「商品切手以外の贈答品は何が最も好適なるや」では，婦人用，紳士用，
子供用に明確に分け，それぞれにふさわしいものを提案していた（三越,
1909）。

ここからもわかるように，三越は古来の中元商品で交誼を現わすだけで
はなく，中元の進物によって，趣味や体裁，真心など新たな意味を付与し，
それにふさわしい中元商品の提案を試みた。

1911年「みつこしタイムス」（明治四十四年号）では，次のような内容が
掲載されていた。

「中元もいよいよ近づけり。中元に贈物をする遊ばすこと世の習わしなり。
中元の贈答品は何処よりお求め遊ばすや。これ疑問なり，否々分かりきった
ることなり。信用ある店よりお求め遊ばせし品に限るべきなり。三越は最も
信用を重んず。三越の品ならば贈る御方も充分安心遊ばすべし。三越の品な
らば贈られる御方は必ず喜ばれるなるべし。中元の贈答品は三越の品に限る。
三越は種々適当なる品々を準備して御用を待ち申候。」

「…（略）…善き習慣，美しき典例は，その国の第一の飾りとして永久に保
存するが，国民の為さねばならぬ義務の一つと存じます。…盆や正月の贈答
品は決して虚礼ではございません，一面日本の善美なる習慣典例を永久に伝
えると同時に，社会的交誼を厚うするもとでございますから，本年の盆の
おつかいものは特に盛んに遊ばすがよかろうと存じます。…（略）…一寸当
店へご注文遊ばされ，廉いものも高いものも，大きなものも小さなものも，
実用的なものも，贅沢なものも，大人向きのものも，子供に必要なものも，
外国人の喜ぶものも，大通が嬉しがるものも，上ぐべし。」

この文章によると，まず冒頭で，中元に贈り物をするのが習慣になっていることが明確に読み取れる。さらに，贈答品を選択する際には，信用のある店で買うべきだと思わせる。三越は信用を重んじることを強調し，三越の品なら贈答品にはふさわしいとアピールし，中元商品には信用が必要であることを明確に示している。三越の贈答品なら，贈り手も安心するし，受け手も必ず喜ばれると訴求していたことがわかる。

また，中元は日本の美しい慣習でかつ国民の義務であることが強調されている。1909年にみられた表現よりもさらに中元の存在意義を明確にしているという印象がある。

1915年，大正に入ってからの「三越」（第五巻第六号）では，次のような宣伝文句がみられることになる。

> 「また中元が近づきました。盆，暮の挨拶として，親戚故奮相互に，心をこめた贈り物をすることは，本邦固有の美徳で御座います。されば，来るべき中元には，如何んなものを御選択なさるべきかと，いろいろ御苦心遊ばさることと存じます。それには三越にお命じ下さるが一番です。すべて，「贈答品は三越の品に限る」…（略）…。信用ある店は信用ある品を商い，進歩したる店は進歩したる品を提供致します。三越の品と申せば最上の品を意味して居ります。三越は東洋唯一のデパートメント・ストアでありますから，どんな品物でも御自由に御選択が出来ます。ご注文の御参考までに，左に最も適切な贈答品を列記致して置きました。…（略）…」

「また，中元が近づきました」。この句からわかるように，単に中元を継続させるべき日本の習慣の１つであると主張する1909年と1911年にみられた宣伝文句とはやや異なり，中元という慣習が少しずつ定着してきたことが強調されている。また，額面通り，今年も，昨年と同じように中元が近づいたことを喚起させるような宣伝文句であろう。

　中元の贈り物をすることが国民の美徳と結び付けられ，その意義を明確にするのはこれまでの宣伝文句と同様である。贈り物なら信用のある店に限ることから，三越は信用があり，進んでいる店なので，提案された贈答品は間違いなく中元には適切なものであるという意識を社会に浸透させようとしている。つまり中元ギフトには信用と先進性が必要であると考えられていたのであろう。

　さらに1916年の「三越」(第六巻第六号)では，次のような記述がみられる。

「盆暮れの挨拶と同じく，親戚故舊お互いの間に，心をこめて贈物をなさるのは，この中元の時期で御座います。されば何方様でも，あれかこれかと御選択に御苦心遊ばすには相違御座いませぬ。さて弊店は年々これらの贈答品を多数御用命に接し，幸いにして「贈答品は三越の品に限る」との有り難さ御高評を頂いて居ります。何卒例年の通り中元の御贈答品は弊店へ御仰付下さるよう偏にお願い申し上げます。…（略）…」

　この文章の後半の「贈答品は三越の品に限る」は，いままで三越が提案してきた中元の贈答スタイルが定着してきたことを強調するものとなっている。

　1922年「三越」(第十二巻第七号)になると，次のような文章がみられる。

「御中元も近づき，そろそろ御贈答用品の御選択に，御心遣い遊ばさねばならなくなりました。そこで当店では前にも御案内の通り，一日から全店に於いて「中元御贈答用品売出し」を催し，専ら御便宜を御図りすることと致しましたから何卒御利用の程願い上げます。…（略）…

　さて，御贈答用品と申しましても，実際多種多様で，或は一般向な実用品―砂糖，石鹸，書簡箋等の如き，又体裁を主とするもの―香水組み合せ，金，銀製の洋杯等の如きを御選びになる向も御座いますが，近頃は少し異なった

趣向のものをとの御要求も御座いますので，藍にはそれに応ずるものとして，
人部分は本牟の新製品乃至新着品を掲げました。…（略）…」

　ここては，中元商品か多種多様で，実用品や，体裁を主とするもの，異
なった趣向をもったものなどが現れてきたが，三越はこのすべてのニーズ
に応えることができることを強調した。
　以上の記述をまとめてみると，三越は中元ギフトに対し，まず中元に贈
り物をするという意義を次第に明確にさせたうえ，中元ギフトとして何が
必要になるのかを消費者に向けて発信し，贈答品は三越の品に限るという
中元スタイルを築き上げたのである。

第3節　中元の掲載商品における品揃えの広がり

　以上の1907年から1922年までのPR誌に掲載された中元商品に，どのよ
うな変化があったのかをまとめたものが**図表4-1**である。
　図表4-1からわかるように，中元商品が時代とともに次第に詳細な仕分
けがなされてきた。
　1907年では，ただ理想な贈答品を取り上げただけであった。ところが，
1908年になると，最も需要のある進物と，最も重宝される進物が挙げられ
ていた。
　1909年は，それまでとは3つの点で異なっている。まず，三越が提案す
る商品が詳細に列挙されていた。次に，商品の分類法については，贈る相
手のタイプや贈る相手との関係などが想定されている。また，中元進物と
して好適品の定価が提示されるようになっている。
　1911年には，価格を前面に出すようになった。どのような物でも三越で
揃っていることを明確にしたうえで，価格帯によって中元ギフトが分類さ

●図表4-1　掲載される品揃えの広がり

年	分類基準	商品内容
明治40（1907）年	理想的贈答品	商品切手
明治41（1908）年	最も需要ある進物	白地及び着尺物，友禅及び帯地類，男物，木綿物，小物類，雑貨類，美術品
	最も重宝な進物	三越の商品切手
明治42（1909）年	御重宝なるもの	三越商品切手
	御婦人用	呉服類，雑貨化粧品類，手巾，袋物類其他
	紳士方	貴金属，靴類
	お子供方	文具ブック，洋傘履物類
明治44（1911）年	五十銭前後	玩具類，ノートブック，石鹸，染手拭など
	一円前後	子供夏帽子，アルバム，香水，石鹸，ハンカチーフなど
	二円前後	西洋人形，ネクタイ，ホワイトシャツ，コーヒー茶碗，繻子帯側類など
	三円前後	鞄各種，香水，シャツ上下，ベルト，コーヒーセット，縞モスリンなど
	四円前後	舶来果物入，紅茶スプーン，博多男単帯など
	五円前後	化粧道具，洋傘，ネクタイ，御召兵児帯など
	七円前後	日本人形，万年筆，洋酒器，紅梅銘仙，兵児帯など
	十円前後	抱鞄，膝掛，葉巻，白絽羽織地など
	十五円前後	手提鞄，帽子，銀急須，コート地，友禅越後など
	二十円前後	スーツケース，銀側時計，紋御召，羽織地など
	三十円前後	舶来化粧鏡，真珠入指輪，絽錦織丸帯，白絽疋物など
	五十円前後	婦人金時計，銀製花瓶，トランク，女単帯など
	百円前後	置時計，貴金属類，ダイヤモンド入指輪，銀茶器など
	簡便なもの	商品券
大正4（1915）年	一円まで	男シャツ類，ネクタイ，靴，小児用帽子，洗面香水，婦人用帯芯など
	三円まで	シャツ類，化粧道具，婦人洋傘，浴衣地など
	五円まで	ハンカチーフ，香水，化粧道具，珈琲セット，縞モスリンなど
	七円まで	ハンカチーフ，万年筆，友禅青梅，白縞銘仙など
	十円まで	靴下，香水，化粧道具，友禅縮緬など
	十五円まで	安全剃刀，双眼鏡，懐中時計，背広服地，羽織地など
大正5（1916）年	五十銭内外より一円位	呉服類（14品目），雑貨類（22品目）
	三円まで	呉服類（17品目），雑貨類（13品目）
	五円まで	呉服類（13品目），雑貨類（7品目）
	五円より七八円位	呉服類（8品目），雑貨類（6品目）
	十円内外より十五円位	呉服類（2品目）
大正11（1922）年	食料品	あられ，白豌豆，せんべいなど（10品目）
	石鹸・莨用具・貴金属	石鹸，安全マッチ，鳥籠など（6品目）
	文房具	アルバム，チョーク，ライティングケースなど（9品目）
	呉服既製品	清涼着，ガウン，軽装帯など（8品目）

出所：三越（1907; 1908; 1909; 1911; 1915; 1916; 1922）を参考に，筆者がまとめたものである。

れるようになった。五十銭前後のものから百円までの商品が価格帯別に分けられ，タオルのような安価なものから，ダイヤモンド入り指輪のような高価なものまで中元商品の広がりがみられるようになった。

日本銀行調査統計局「総合卸売物価戦前基準指数」によると，1911年の年平均は0.610に対し，1998年では687.5であることがわかる。単純計算すると約1,000倍と考えると，五十銭は現在でいうと500円で，100円は10万円になる（基準は1934年〜1936年平均＝1で，企業間で取引される際の商品価格）。

1915年には一円から十五円までに価格幅が縮小される。このことから，中元という贈答習慣が価格面でも少しずつ落ち着いてきたことが窺える。

1916年になると，贈答品は価格帯によってのみ羅列されただけではなく，各価格帯での分類がさらに商品別にはっきりと，わかりやすく提示されたことが従来とは異なるところである。

1922年になると，商品カテゴリー別に掲載されるようになった。食料品，石けん，貴金属，文房具，呉服既製品などに分類し，紹介されていた。さらに写真などを交えながら，目を引きやすいような宣伝を行う方法がとられていた。

このように1907年から1922年までの間に，三越が提案してきた品揃えの内容に大きく変化がみられ，三越自身が中元ギフトとは具体的にどのようなものであるべきかについての模索が繰り返されていたものと考えられる。

第4節　大正時代における中元の様子

「三越」（第四巻第八号，大正三年八月一日発行）では，当時の中元の様子を次のように記している。

「七月一日から開催いたしました中元御贈答品売出しは，年毎に此慣習が社
会に復活してまいります為めと，御贈答品には三越のマークのついたものに
限るという，御客様間の御信頼によって，一年増しに好況を呈してまいりま
すが，分けて本年の盆前は非常の御客様で，十三日頃までは肩摩肘撃とでも
申したい位の混雑，或デパートメントでは，可成多過ぎると見込んだ準備品
が，其頃までに綺麗に片付いた位でございました。」

また，『三越』（第六巻第八号，大正五年八月一日発行）では，次のような
記述がみられる。

「祖先崇拝，故善親睦という美しい我日本古来の風習が，近来殊に盛んにな
りまさり行くためと，何しろ日露新協約の発表やら，欧州戦争の影響やらで，
世間の景気が驚くべき回復して来たのとで，今年の盆の御贈答品売出しは，
すばらしい景気でございました。いよいよ盆近くなりますと，あの毎日の酷
暑にもかかわらず，全店お客様で埋まるばかり，御つかいもの，お四季着せ
ものは飛ぶが如くにお邸なり御届け先なりに配達され，商品券も盛んに発行
致されました。例にかわらぬ事ながら，当店はいよいよお客様方の御厚意に
感奮致す外はないのでございます。」

この2つの記述から，明治から大正にかけて，中元は三越の取り組みに
よって"復活"され，贈答品は三越に限るというイメージまで世間に浸透
させようとしていたことがわかる。

このように，三越のPR誌だけに限ってみてきたが，百貨店は，その誕
生から，中元を年中行事の代表格の1つとして捉え，中元ギフトの展開に
力を入れていたことが窺える。百貨店は江戸から続く中元という慣習をう
まく利用して，中元の季節に合わせて，百貨店の商品を中元ギフトとして
脚色しようと試みてきたのである。そこには，ギフト選びに不安を感じる

消費者の心理を的確に察し，先進的で，伝統と信頼のあるという店舗イメージを前面に打ち出し，そこに扱う商品なら，必ずギフトにふさわしいということを確立しようとした努力と工夫の跡が窺える。このことから，百貨店は「イメージ・ゲートキーパー」としての役割を果たしてきたといえるのではないだろうか。

第5節　発見事項の要約

　三越の初期のPR誌で取り扱われてきた中元に関する記述を確認してきたが，そこから得られた発見事項を以下に列挙しておく。

①1904年に三越呉服店から百貨店としての三越が誕生したわけであるが，その4年後には，早くも中元の宣伝広告活動に取り組んできたということ。

②従来，中元にはそうめんや砂糖を贈ることが一般的と考えられていたが，1909年に三越は，それらの商品には奥ゆかしさと新しさが欠けていることを明確に主張している。中元としては，「体裁がよく」，「喜んでもらえる」，「真心のこもった」などの特徴を備えたものをふさわしい贈答品とし，それらの特徴を満たすと思われる商品を三越が提案していた。

③1909年と1911年の広告で共通してみられるのは，三越が中元を日本の伝統的慣習でかつ美徳として位置づけているということと，その中元の時期には何らかの贈り物をするのが習慣であるということを強調したことである。1911年には，中元を「国民の義務」としているのはその代表的な台詞である。

④三越は，中元ギフトには信用かつ先進性が必要であることから，百貨店にはこうした特性を備えていることをアピールし，中元ギフトとの

かかわりあいを明確にしようとした。百貨店のマーケティング活動，すなわち「イメージ・ゲートキーパー」としての役割が少なからず影響していることは否定できないであろう。

　今回の歴史資料を通じて，明治から大正にかけて明確には確立されていなかった中元ギフト市場に対し，百貨店によってその「意味の伝達」や「誘導」が行われた，ということがわかった。中元ギフトに新たな意味づけを見出そうとする努力は，百貨店が誕生した直後からみられた。そこでは，古くから考えられてきた中元としての贈答品やその意味づけを再構築し，百貨店にある多くの商品を中元商品として成り立たせ，中元市場の拡大を試みてきた様子が窺える。またそのことが，ある程度現在の中元ギフトの原型を方向づけたとも思われる。初期の百貨店のマーケティングの関与が，現在の中元市場の定着につながった事実は否定できないであろう。

　もちろん，マーケティングの一方的な関与ということはまず考えられない。したがって，文化の「イメージ・ゲートキーパー」は真空の中でシンボルをつくり出すわけでなく，シンボルの流れの対岸にいる受け手の受け止め方をみて，試行錯誤を繰り返していくはずである。むしろ，「ギフト文化を育てながら百貨店も育った」と考えたほうが妥当かもしれない。市場との対話の中で，百貨店の取り組みにどのような変化がみられるか，さらに時代に沿ってみていく必要が出てくる。

第5章

中元贈答に関する百貨店の広告戦略

―三越の新聞広告を対象とした内容分析―

第1節　はじめに

　前章までに述べてきたように，中元・歳暮は，日本のフォーマルギフト
として長い歴史を有する贈答文化の1つである。日本の文化に深く根差し
た贈答市場は，百貨店にとっても重要な収入源となっている。そのため，
百貨店は中元・歳暮シーズンになるとさまざまな広告戦略を展開し，消費
者に中元ギフトを訴求してきた。

　周知の通り，小売業界には，さまざまな業態が存在する。その中で，本
章が百貨店を研究対象として取り上げた理由として，消費者が中元贈答品
の購入先に百貨店を好んで利用していることを指摘できる。髙島屋（2019）
のプレスリリースの記事によれば，中元の購入場所として「百貨店」を利
用する消費者の割合が34.8％と最も高く，第2位の購入先である「総合スー
パー」の15.5％を大きく引き離している。同記事によれば，百貨店で購
入する理由として，百貨店の「包装紙で贈りたいから」が40.4％と最も高く，
百貨店のブランドが消費者に支持されていることがわかる。

　図表5-1は，2016年度全国百貨店全体の月別売上高の推移をグラフ化し
たものである。2015年を境に，外国人旅行客が急増し，爆買いなどが話題
となった。インバウンドによる売上高の大きな変動要因をできる限り排除
するため，2016年のデータを本章で用いることにする。

　このグラフから，全国百貨店において，年間を通して一番売上高の多い
月は12月であり，次いで7月であることがわかる。改めて説明するまでも
ないが，日本では，古くから歳暮や中元といった「ご贈答」の行為を通じ
て，季節の挨拶を行う風習がある。近年では，歳暮や中元を贈る家庭が減
少傾向であるとされるものの，いまでもなお有名百貨店や老舗百貨店では，
その季節が近づくと「お中元，お歳暮ギフト・センター」が開設され，ネ
ットでも気軽に注文できるようにウェブサイトが充実してきている。

● 図表5-1 2016年度全国百貨店全体の月別売上高の推移

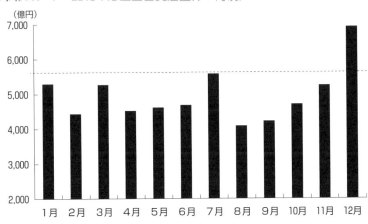

出所：日本百貨店協会のデータをもとに筆者作成。

　本章では，百貨店がこれまでに行ってきた中元贈答に関する広告戦略について，経時的な観点からその変化を明らかにする。

第2節　中元に関する新聞広告の内容分析

　電通（2020）によると，2019年の日本の総広告費は6兆9,381億円である。これを媒体別にみると，「新聞広告費」，「雑誌広告費」，「ラジオ広告費」，「テレビメディア広告費」を合計した「マスコミ四媒体広告費」は2兆6,094億円であり，総広告費に占める割合は37.6％である。マスコミ四媒体広告費の内訳をみると，テレビの割合が一番多く，1兆8,612億円で26.8％を占めている。次いで，新聞が4,547億円で6.6％を占めている（電通，2020）。

　近年では，インターネット広告媒体の普及が進み，マスコミ四媒体の総広告費に占める割合において相対的に減少傾向がみられるものの，それで

もなお広告媒体として大きな地位を有している。

　では，研究対象として百貨店による中元贈答品の広告戦略を歴史的に分析するために，どのような手法が可能であろうか。社会の移り変わりの中で中元贈答品の変化を追跡するにあたり，新聞広告は他の媒体に比べ，発行部数の多さとテレビコマーシャルにはないカタログ性という2つの側面を併せ持つことを勘案し，中元と歳暮の広告において高い効果をもつと判断することができるであろう。そこで，本章では，新聞広告に掲載されている百貨店の広告データを体系的に収集し，内容分析を行うことにする。

　中元広告の選定にあたっては，掲載された広告に「中元」という言葉があるものに限定した。調査資料の対象は朝日新聞の縮刷版をもとにした。この縮刷版は，朝日新聞東京本社発行の朝日新聞の朝，夕刊最終版を縮刷，編集したものである。

　分析対象として選定したのは，日本で最初にデパートメントストア宣言を行った三越百貨店であった。周知の通り，三越百貨店は，2008年4月1日に，株式会社三越と株式会社伊勢丹が経営統合して，株式会社三越伊勢丹ホールディングスが設立され，三越はその完全子会社となった。

　そこで，分析対象となる期間は，第二次世界大戦後，中元の広告が最初に掲載された1949年から三越百貨店が経営統合される2008年までの各年の6月1日〜7月30日の期間とする。具体的には，1949年から2008年までの60年間，毎年，三越百貨店が出した中元の新聞広告で，以下の項目を確認する。すなわち，①広告掲載件数および期間，②掲載品目構成，③掲載品目価格，および④キャッチフレーズの4つである。

第3節　広告掲載期間の変化

　まず，**図表5-2**は，1949年から2008年にかけて，三越が中元の広告期間

● 図表5-2　新聞広告期間の推移（三越）

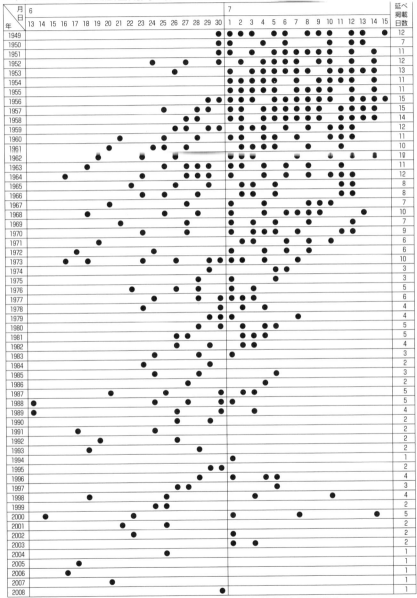

出所：朝日新聞縮刷版のデータをもとに筆者作成。●印は新聞広告が実施された日を示す。

をどのように変化させてきたかを図示したものである。これによると，同社の中元広告は，ほぼ6月15日から7月15日にかけて行われていることがわかる。この期間には，中元の文化と深く結び付いているものと解釈できる。小野他（2015）によると，中元とは，旧暦7月15日とこの時期の贈り物の両者のことをいい，現在では，7月の初めから15日にかけて，世話になった人などに贈るものとされている。広告掲載日数（延べ日数）で最も多い年は，1956年と1957年の15日間であり，最も少ない年は，1994年と2004年〜2008年の期間の1日間であった。

　広告掲載期間について期間ごとに分けて詳しくみてみることにする。まず，1949年から1959年までにかけては，6月後半に中元の広告を掲載していた時期もあったようであるが，それほど件数は多くなく，7月1日以降に広告掲載が集中していたことがわかる。

　次に，1960年から1970年までの期間になると，掲載開始の時期が徐々に早まり，6月20日から中元の新聞広告がみられる。6月に掲載される中元の広告件数も増えるのに反比例するかのように，7月1日以降に集中して広告が掲載されるケースがほとんどみられなくなり，6月と7月に分散して掲載される傾向がみられる。

　中元広告が7月10日に終了した1971年を境にして，この年以降，広告掲載期間が早く終了する傾向がみられるようになった。1974年から1987年までの間，中元の広告期間が大幅に短縮される傾向がみられる。すなわち，6月25日前後から7月5日までの10日間に集中している。

　広告の件数は，1974年を境に，全体的に減少傾向がみられる。1988年には，中元広告の掲載開始時期はさらに早くなり，6月13日からすでにはじまっている。その一方で，同年には，7月に入ってからの広告掲載は，7月1日に1回あるのみであった。

　1990年から1995年までの期間では，中元広告はほぼ6月20日から6月30日の間にだけ行われるようになった。1996年以降，中元広告の件数は依然

として少ないものの，期間が再び長く実施されるようになった。2000年以降，中元広告はほぼ6月後半から7月初頭に1～2回程度に収束されるようになった。

　以上，新聞広告期間に関する内容分析の結果，三越の新聞広告における掲載期間について，試行錯誤が行われてきたことがわかる。また，この分析では，中元贈答における消費者の購買行動に対し，新聞広告は，6月終わりから7月初めの期間にかけて，最も影響力をもつということが推測できる。中元が，7月の初めから15日にかけて行われる贈答行動であることを考慮すると，三越は中元シーズンの開始時期に合わせる形で，新聞広告の掲載期間を収斂してきたものと推察される。

第4節　掲載品目構成の変化

　次に，新聞広告に掲載された掲載品目の構成がどのように変化してきたかに焦点を当てる。**図表5-3**は，1949年から2008年までの期間において，各年に掲載された中元商品の平均品目数を図式化したものである。ある年の広告掲載件数が多くなれば，必然的に，その年の総品目数も比例的に増加することになるため，期間比較を行うにあたり，こうした影響を避ける必要がある。こうした影響を避けるために，本章では，ある年の総品目数を同年の広告掲載件数で除して求められる平均品目数を用いて，三越が年ごとに中元商品として提案する品目数を分析することにする。

　図表5-3によれば，1959年に掲載された平均品目数が一番多く，平均33.7品目となっている。その年以降，掲載品目数は減少するが，それでも1965年まで平均17品目以上を維持していたことがわかる。その後，1965年に再び増加し，平均28.4品目に達したのち，また減少することになる。1969年には平均9.0品目に大きく減少した。1970年になると再び増加に転じ，

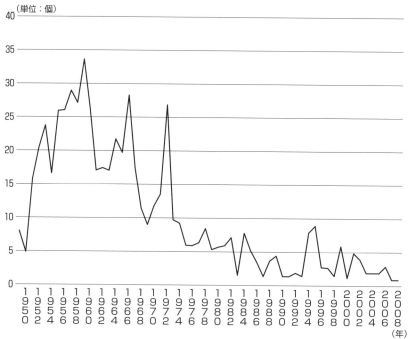

（単位：個）

出所：朝日新聞縮刷版のデータをもとに筆者作成。

1972年には平均27.0品目という高水準まで回復した。さらに，1973年に平均9.8品目になって以降，2008年まで平均品目数が10.0品目以下の状況にある。とくに，2000年以降は，5.0品目以下の状況が続いている。

　図表5-4は，毎年掲載された商品をカテゴリーごとに分類し，集計した結果を用いて，掲載品目の構成比率を図示したものである。これによれば，1982年までは中元商品が各カテゴリーに分散していたことがわかる。

　具体的に，1949年には紳士向けと婦人向け別に，主に雑貨や衣料品を掲載していた。食器などの身の回り品や食品も多数掲載していた。

　1951年になると，「カルピス」や「サントリー」などのブランドのついた食品が登場する。

● 図表5-4　商品カテゴリー構成の推移（三越）

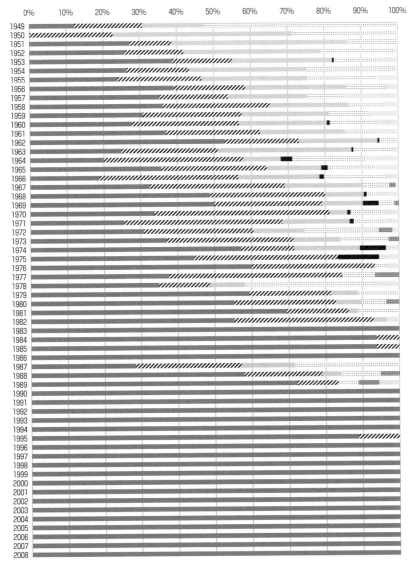

■食品　▨身の回り品　▒衣料品　■レジャー用品　▧雑貨用品　▦観葉植物　▨家電製品

出所：朝日新聞縮刷版のデータをもとに筆者作成。

1952年には舶来品が多数登場し，舶来ウィスキーや舶来腕時計（オメガなど），舶来万年筆（パーカー）などが数多く掲載された。

　1953年には扇風機，洗濯機，冷蔵庫などの家電製品が中元商品として掲載されるようになった。1960年に「サマー　デラックスギフト」をキャッチフレーズとして，食料品，雑貨，洋品，食器，電器などのデラックス・スポットを設けた。

　1960年に詰め合わせで贈るギフトセットを薦めていた。1962年にこれまでのように中元の好適品を一方的に推奨するのではなく，消費者調査に基づいて消費者の好評を得たものを「みなさまのお中元」として発表している。1964年に三越は「ギフト・センター」を開設し，中元の代表商品を1,000種類集めている。

　1966年から商品の紹介だけでなく，「包装紙のイメージで贈り物の価値は深まる」として，三越の包装紙を使った贈り物を薦めている。

　1967年に毎年人気の高い中元好適品を100種類掲載している。これは現在も続いているベストギフトの原型になったと思われる。さらに，「三越オリジナル商品のマーク」，「新商品のマーク」，「三越特選ベスト100のマーク」という３つのマークを使用し，これまでのような商品カテゴリー別，贈り先別，価格帯別以外に，マークつきという新しい中元商品提案の仕方を打ち出している。

　1967年に贈る相手を細かく分け，たとえば「御無沙汰している仲人さんに」，「いつも電話を借りるお隣さんに」，「新婚ホヤホヤのお二人に」，「朝風呂好きのおじいちゃんに」などといった贈り先に応じて，それぞれふさわしいと思われる中元商品を掲載している。

　1971年にランバンのポロシャツやネクタイ，1972年にシャネルの香水，1973年にもサンローラン，カルダン，ディオールのタオルなど海外ブランド品が多数掲載されていた。また，1978年にティファニーのブレスレット，ボールペンなどの商品も中元広告に現れていた。その後，主に紅茶，コー

ヒー，サラダ油など食品が多くみられるようになった。

　次に，1983年以降は，それまで分散していた品目の構成は，食品項目への集中が目立つようになった。

　1984年に贈り先別，たとえば「習い事の先生」，「学校の先生」，「友人」，「先輩」に贈る中元商品を，それぞれ主に食品を中心に掲載している。ただし，例外的に1987年は食品に集中することはなく，ティファニーのブックマーカー，グッチのショッピングバッグ，カルティエのトラベルポーチ，ダンヒルのポロシャツなどブランド品が数多く紹介された。

　1989年には，これまでと違って，オーストラリアの活ロブスター，フランスワイン，お造りセレクションなどのような高級食品が多く掲載された。

　1990年から2000年にかけて，主にコーヒー，紅茶，ジュース，サラダ油が中元商品として掲載されていた。

　1995年には「送料込み商品」や「GIFT200」を中元商品として薦めている。1997年に「ベストギフト」，「新商品」など1960年代後半に使用していた中元商品の提案の仕方を復活させたような形で中元商品を掲載していた。1998年から送料無料のベストギフトが登場し，三越のカードでの優待など，商品自体を薦めるだけでなく，値ごろ感をアピールしている。

　前述したように，1979年以降，これまでの中元商品のバリエーションが縮小され，食品と身の回り品への移行がみられる。1979年にはコーヒー碗皿，1980年には，飲料，調味料，そうめん，洋酒などがほとんどである。この状態は1986年まで続く。1987年から1990年まではいったん輸入洋酒が占める比率が高くなったが，1991年にビールやそうめんといった現在の中元商品の代表格ともいえる商品に絞り込まれた後，1992年から2008年までは三輪そうめん，トワイニング紅茶，ネスカフェ，カゴメなどきわめて厳選された食品類が掲載されていた。1997年に送料込みのギフトが新しく登場し，また1998年にインターネットでの中元販売も導入された。

第5節　掲載品目の価格の変化

　百貨店が中元贈答品として新聞広告で取り上げ推奨していた商品の価格は，いくらぐらいであったのだろうか。1949年から2008年にかけて，新聞広告に掲載した商品の価格を示したのが，**図表5-5**である。**図表5-5**に示している価格は，次のようにして算出した。中元広告に掲載された商品の価格を，それぞれの年を比較できるように，総務庁（現在の総務省）統計局が発表した「消費者物価指数年報」のデータを用いて，1995年を1とした消費者物価指数で除することによって，まず換算価格とした。このようにして得られた換算価格を使用し，各年の最高値と最低値の差として当該年の価格幅が計算されている。また，中心的な価格帯を分析するために，25パーセンタイル値（第1四分位値）と75パーセンタイル値（第3四分位値）を求め，その間を中心価格帯としている。さらに，この中心価格帯に注目し，中心価格帯部分におけるデータの平均値の推移をみていくことにする。**図表5-5**は中心価格帯部分の平均値，すなわち25％トリム平均値の推移を示したものである。

　図表5-5に示されているように，まず1949年から約3,000円という平均価格で中元広告を掲載しはじめた。それ以降，平均価格は少しずつ上がっていき，1959年におよそ7,000円になった。

　その後，いったん約5,000円の水準に下がったが，1964年になると，約1万3,000円に急上昇した。それから，約7,000円～9,000円の平均値に下がったが，1968年に再び1万円超に達した。

　1969年からは，下落傾向にあったが，8,000円前後と比較的高い水準を維持していた。1972年になると，約1万5,000円ともう1つのピークを迎えた。

　1973年から下がり続け，1976年に5,000円を割る平均値に下落したのち，

● 図表5-5 広告商品価格の25%トリム平均値の推移 (三越)

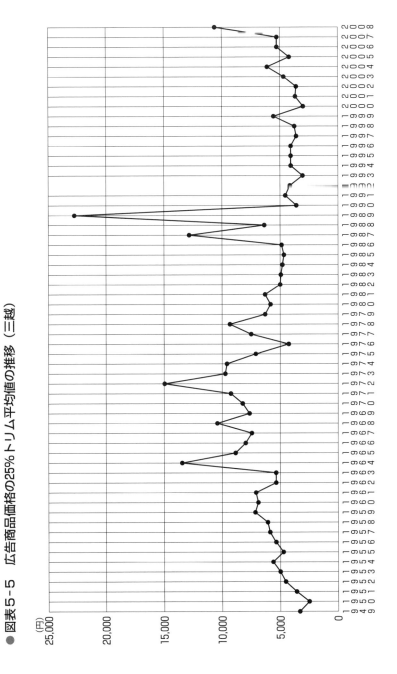

出所：朝日新聞縮刷版のデータをもとに筆者作成。

再び上昇傾向を見せている。しかし，1978年に約9,000円にまで上昇したが，その後また下がりはじめた。

　1986年に約5,000円の平均値に下がったが，1987年に約1万3,000円とまた急激な上昇がみられる。1988年の約6,000円を経て，1989年にさらに2万3,000円というこれまでの平均値の最高値に到達した。その後，1990年に約3,500円になって以降，2008年までは大きな変動がみられなくなり，ほぼ3,000円から5,000円という平均値で推移してきている。

第6節　キャッチフレーズの変化

　百貨店における広告のキャッチフレーズをまとめたものを，**図表5-6**に示す。1950年代のキャッチフレーズでは，「贈って喜ばれる」，「贈答に好適」，「優秀品」といった言葉に表れているように，三越は中元にふさわしい商品に重きをおき，前面に取り上げていた。1959年になると，贈答品の前に「まごころこもる」という贈り手の心がこもった中元であることを強調していた。

　1960年代に入ると，「好適品」や「贈答用品」という言葉に取って代わって，「ギフト」や「贈りもの」へと用語変更がみられる。1960年に「サマーデラックスギフト」をアピールし，中元贈答品のレベルアップを図ろうとした。1962年に「みなさまのお中元」を打ち出し，三越が行った消費者調査で選ばれた商品を宣伝していた。1965年，1966年には，贈られる人々の暮らしを「ゆたか」にする贈りものを取り上げていた。つまり，今日では，（当時の時代背景も勘案すべきであるが），どの家庭でも当然あるものとして考えられているテレビや冷蔵庫を含む電気製品も人々の暮らしを「ゆたか」にする贈答品になったのであろう。1967年の「心にふれる贈りもの」，1968年の「まごころのごあいさつ」のように，これまでの具体的な商品を

● 図表5-6　キャッチフレーズの変化（三越）

1949	御贈答に三越の○○	1981	お中元は三越
1950	御贈答に好適な○○	1982	世界の贈りもの　お中元は三越
1951	御贈答に三越の○○	1983	まごころ，ふくらみます。お中元は三越
1952	御贈答に好適な… 贈って喜ばれる○○	1984	みんな，いい人だ。だから贈る。夏のギフト。夏の三越から。 お中元は三越
1953	三越の中元御贈答好適品		
1954	御贈答に好適な… 御贈答に喜ばれる…	1985	ことしも，お中元はみなさまの三越から。
1955	受けて喜ばれる…三越の○○	1986	ことしも，お中元はみなさまの三越から。
1956	御贈答に…三越の優秀な○○	1987	こころ祭り。ありがとうが集います。三越のお中元
1957	御中元には三越の優秀品		
1958	受けて重宝　三越の○○	1988	贈るって，ハートワーク。贈り物は，心の素敵な仕事です。三越のお中元
1959	お中元にまごころこもる三越のご贈答用品		
		1989	ここは贈りものミュージアム。三越のお中元
1960	サマーデラックスギフト		
1961	暮しの中のサマーギフトシリーズ	1990	贈る人の，まなざしです。三越のお中元
1962	みなさまのお中元シリーズ	1991	ここは，贈りものミュージアム。 三越のお中元
1963	みなさまに喜ばれる　お中元は三越！		
1964	ゆたかな夏の贈りもの　お中元は三越！	1992	夏に沸く。三越のお中元
1965	ゆたかな暮らしの贈りもの	1993	きっと，わすれない。 三越のお中元
1966	心にふれる贈りもの お中元は三越	1994	ぐんぐん夏。 三越のお中元
1967	お中元は三越で選ぶ	1995	お中元一番地 1995三越のお中元。
1968	お中元が生きる　三越の品	1996	こころ，ひきだす。 '96三越のお中元
1969	まごころのごあいさつ　お中元は三越	1997	ありがとう。 三越のお中元
1970	世界のゆたかな贈りもの　お中元は三越	1998	98Summer 三越のお中元
1971	お客様にご奉仕する三越　お中元は三越	1999	三越のお中元
1972	豊かなこころのメッセージ　お中元は三越	2000	ACTIVE2000　新しく動きはじめた三越 三越のお中元
		2001	まごころつつむ，確かな贈り物。
1973	緑のリゾート…お中元は三越	2002	ひとりひとりに，大切な気持ち。
1974	心をおくるお中元　お中元は三越	2003	こころが喜ぶ贈り物。
1975	洗練された贈りもの　お中元は三越	2004	こころ彩る贈り物。
1976	磨きぬかれた贈りもの　お中元は三越	2005	夏の贈り物。
1977	夏のご挨拶　お中元は三越	2006	夏の贈り物。
1978	ことしも…お中元は三越	2007	飾る日も　飾らない日も　三越と
1979	お中元はいつも三越	2008	夏の贈り物。
1980	さぁ，お中元は三越		

出所：朝日新聞縮刷版のデータをもとに筆者作成。

打ち出すというより, 贈りものにこころが大事であるということに変更した。

　1970年代に入っても, 「こころ」という言葉が頻繁に使われていた。1972年のキャッチフレーズになると, 単なる「ゆたかな暮らし」ではなく, 「ゆたかな心」を求める商品へと変化している。また, 1974年に「心をおくる」を経て, 1975年に中元贈答品として「洗練された贈りもの」に変わった。1975年に「洗練された贈りもの」, 1976年に「磨きぬかれた贈りもの」にもあるように, 再び商品に重きがかわり, 百貨店すべての商品のどれもが中元商品として提案されているわけではなく, より限定された商品になっている。中元商品の品目数などが減少したのもこの時期である。1977年に「夏のご挨拶」というキャッチフレーズを打ち出し, はじめて中元が季節の挨拶であることを訴求するようになった。

　1980年代に入ると, 1986年まではこれまで同様, 「こころ」ということを強調していた。ところが, 1987年になると, これまで長年使っていた「お中元は三越」という宣伝文句に取って代わって, 「三越のお中元」へと変更し, 今日まで続いている。中元は三越から贈ってくださいという訴求の仕方から, ほかにはない, 三越しかない中元という中元に対する三越の独自性を強調するようになった。この変更に合わせて, 1987年の「こころ祭り」, 1988年の「ハートワーク」, 1989年の「贈りもののミュージアム」といった表現にもあるように, 中元を贈る楽しさを強く打ち出していた。

　このことは1990年代に入っても, 1993年まで強調し続けていた。たとえば, 「夏に沸く」, 「きっと, わすれない」といった宣伝文句をみてわかるように, 中元を贈るわくわく気分を強調していた。1994年に入ると, 季節の挨拶をうたったキャッチフレーズが目立ちはじめる。すなわち, 「夏いちばんの, ありがとう。夏とりどりの, お元気で」にもわかるように, 中元を季節のあいさつがわりの機会として強調されているということである。

　1999年や2000年に入ると, 時代の流れに対応し, インターネットで中元を贈るという新しい贈答スタイルをいち早く取り入れた。中元広告におい

ても，店頭だけでなく，ウェブでもカタログの閲覧やネット販売ができることを強調するような文言が目立っていた。

第7節　発見事項の要約

　ここでは，以上の考察結果をもとにして，戦後以降に，百貨店の中元贈答への働きかけにどのような変容がみられたのかについてまとめることにする。

①　広告掲載期間の変化

　中元の広告掲載期間の変化についてであるが，掲載期間は前倒しされ，長期的には短縮化される傾向にある。1950年代には7月1日以降に集中していたが，1960年代に入ると開始時期が6月20日までに早まることで広告掲載期間は引き伸ばされた。1970年代以後，中元の広告掲載期間は，6月20日から開始し7月の初めには終了するように，全般的に早い時期へと移動していったことがこの60年間のデータを通じてわかった。

　これは社会的情勢に合わせて考えると，これらの広告掲載期間に変化が現れた3つの時期は，ちょうど戦後復興期，高度成長期，安定期の時期と重なる。復興期から高度成長期への移行に合わせるように，中元の広告掲載期間も拡張したし，安定期に入ると，掲載期間が短縮され，しかも時期が早まる方向に変わったのである。

②　掲載品目構成の変化

　まず，百貨店が中元商品として提案する品目数についてであるが，1972年までは多少の増減がみられるものの，多数の品目を掲載していた。1973年以降は平均10品目以下という比較的少ない品目数へと移行した。これは

第1次石油ショックの影響と考えられる。1972年から1979年までの低い水準の時期を経て，第2次石油ショック直後の1980年に品目数を再び増加させようとした試みがみられる。しかしそれは長続きせず，1985年以降は平均10品目以下という低い水準に変わっていく。品目数を増やしたり，縮小させたりしていたが，最終的には少ない品目数へと収束するという方向に向かっていった。

　また，具体的な商品カテゴリーの構成に関しては，伝統的な中元商品の主流とされていた食料品にとらわれずに，中元商品は一時期，多様性を見せていた。1980年前後までは衣料品，身の回り品，電気製品など多様な商品カテゴリーにわたって，中元商品として提案されていた。

　たとえば，ワイシャツ，紳士肌着，クツ下などの衣料品や食器，タオル，寝具などの身の回り品を登場させたほか，大衆消費社会の到来を前に，1953年には，当時三種の神器といわれていた洗濯機，冷蔵庫，白黒テレビといった電化製品までが中元商品として提案されていた。このような商品を贈ることは受け手の日常生活に対して何らかのインパクトをもたらすものと考えられる。1964年には新三種の神器に含まれるカラーテレビも“ゴージャスな贈りもの”，“ハイセンスの贈りもの”として薦められていた。当時のライフスタイルを考えてみても，こういった商品は，日常生活の購買行動からはかなり乖離していると考えられる。

　また，1970年代に入ると，海外旅行がブームになり，人々が海外ブランドに関心をもつようになることに合わせた形で，1971年から1973年まではランバン，ディオール，シャネル，カルダンなど多数の海外ブランドのついた雑貨類が中元商品として登場していた。DCブランド全盛期の1978年に，ティファニーの商品も三越の中元広告に姿を現していた。

　1983年になると，これまでの提案と違って，電気製品や高価なアクセサリーなど，日常的にはあまり頻繁には購買されない商品は中元商品から姿を消し，食料品や身の回り品などの日用品が中元商品のほとんどを占める

ようになった。

　バブル形成期に，ティファニーやグッチ，カルティエなどのブランドのついた雑貨類が再び登場したり，ロブスターやお造りセレクションなどのような高級食品路線を打ち出したりする三越の試みもあった。

　1990年以降は，中元商品のバリエーションは大幅に縮小され，コーヒー，紅茶，ジュース，サラダ油といった食品が中元にふさわしい商品として固定化されてきた。日常的に使用されている食品と中元商品の境目は次第に曖昧になり，それはどのような中元にふさわしい商品の提案が次第に難しくなりつつあるものと考えられる。

③　掲載品目の価格の変化

　掲載品目の価格は，掲載された商品の内容によって変動する。舶来品や，電気製品，海外ブランド品などが現れると，その年の最低価格と最大価格に大きな開きがみられる。

　中心価格帯の平均値は，広告で推奨されている商品の価格であるため，実際の購買というより，百貨店が消費者に「これくらいの価格のお中元がよいのではないか」と提案した価格を示していると考えられるため，注意が必要であろう。しかし，全体をみると，高度成長期は，たとえばオリンピックの頃の高価格化提案やその前の不況期の下落など撹乱要因もあったが，一貫して価格の上昇を働きかけていたことがみられる。また，1980年以降の低成長時代は，同様にバブル期の急上昇もあったが，やや下降気味に推移していることも観察される。このようにみると，百貨店は，経済の景気や消費者の贈答への支出傾向に対応して商品を提案してきたようである。しかし，これは常に安定していたとも思えない。というのは，1972年から1980年の不安定期には，平均価格も乱高下し，百貨店がどのように対応したらよいのか迷っていたようにみえる。

④ キャッチフレーズの変化

　1960年前後，人々の生活水準の向上に合わせて，「デラックスギフト」として中元贈答品のレベルアップを呼びかけていた。1965年に，ちょうど高度成長期に，「ゆたかな暮らし」にふさわしい贈りものが提案されていた。1970年代に入ると，高級化，個性化，本物志向の時代に対応し，「世界のゆたかな贈りもの」，「リゾート」，「洗練された贈りもの」，「磨きぬかれた贈りもの」などのように中元贈答品の洗練さを打ち出そうとしていた。

　1986年まで贈る「こころ」を主張したのち，バブル期に入ると，「こころ祭り」，「贈りもののミュージアム」に現れているように，中元贈答品の華やかさや贈る楽しさを前面に出している。しかし，1990年代になると，季節の挨拶を交えながら，中元による人間関係の促進をうたったキャッチフレーズがそのほとんどである。

　1980年代に入ると，「マイウェイ」，「愉快」，「印象」といった表現にも表れているように，中元を贈る時の楽しさや相手に印象づけることの重要さをアピールしていた。1990年代になると，中元は季節の挨拶の強調と，人と人の関係を確認するためのものであることを訴えるようになった。

　このように，百貨店による中元広告の具体的な内容は，社会的な情勢の影響を受けながら，消費者の志向に対応する形で，広告期間や，広告の件数，中心価格，品目数，商品カテゴリー，キャッチフレーズなどにおいて大きく変化してきたことがわかる。

　最後に，百貨店のマーケティング戦略によって中元市場にどのような働きかけがあったのかをまとめることにする。

　三越百貨店は，1960年代に入ってから，消費者調査からフィードバックされたデータをもとに，「みなさまのお中元」として消費者と一緒に中元にふさわしい商品を模索していた。

　こうした試行錯誤の中，三越は1964年に百貨店業界初のギフト・センタ

ーを開設した。これは百貨店が中元を組織化しようとする動きともとれる。また，三越は中元に対し，これまで主に価格帯別，贈り先別，商品種類別に提案してきたことに加え，百貨店というゲートキーパーという立場から推薦する中元商品という提案の仕方を確立させようとした。三越は1967年から「ベストギフト」として提案し続けてきた。

　また，百貨店の包装紙の重要性も大々的に宣伝していた。三越が1951年の中元から起用した「花ひらく」という新しい包装紙は，従来の地味なハトロン紙であった包装紙を一挙に変化させるほど画期的なものであった。ギフト・センターが開設されたのち，1966年に「三越の包装紙なら喜びもひとしお」，1967年に「包装紙のイメージで贈り物の価値は深まります」などのように包装紙が中元にとって重要な要素であるという観念を根付かせようとした。

　それ以外にも，百貨店のさまざまな試みがみられた。たとえば，異なる商品による詰め合わせでの贈りものや，高度成長期にみられる電気製品や高額商品の取り入れ，バブル期にブランド品の登場，近年の送料込み商品などの戦略もその時々によって採用されていた。現在では，消費者のエコ志向に対応して，中元ギフトの簡易包装を積極的に推奨している。

　以上，新聞広告の考察から，百貨店のさまざまな働きかけによって，中元市場が現在の状況に変わってきたということがいえる。現在，当たり前のようにみえる中元の風景は，実は昔からあったものでもなく，固定されたものでもない。社会の状況を受けながら，その時代に沿った中元のあり方について，百貨店の働きかけによってつくり上げられた部分が大きいと考えられる。

第6章

百貨店の中元カタログの内容分析
—髙島屋と阪急百貨店のケース—

第1節　はじめに

　前章では，新聞広告を用いて，戦後，百貨店のマーケティング活動によって，中元市場がどのようにして現在の状況に変わってきたかについて考察した。しかしながら，新聞広告に掲載可能な品目数が限られており，新聞広告を取り上げるだけでは，百貨店が中元として提案している商品の全体像や各百貨店の独自性を考察するには限界があると考えられる。

　マイボイスコム株式会社が2017年９月１日〜５日に実施した「お中元に関するインターネット調査」の結果によると，お中元を選ぶ際の参考情報源は，「店頭の商品」「ギフトカタログの冊子」がそれぞれ20％台，「オンラインショップの商品情報，口コミレビュー」「家族・友人・知人の意見」がそれぞれ10％台となっているという。

　近年，中元におけるネット通販の売上が拡大している中，カタログを参考に百貨店のギフト・センターで中元選びをしている消費者が根強く存在することが窺える。したがって，百貨店が中元贈答への取り組みを考察する際に，百貨店の中元カタログが１つの重要な手掛かりを提供してくれるのではないかと考えられる。

　日経産業消費研究所が1999年５月下旬から６月初めにかけて実施した消費者調査によると，「中元を贈られてうれしい店」で首都圏では髙島屋が，近畿圏では阪急百貨店が最も選ばれていたことがわかった（日経流通新聞1999年６月26日付）。この章では，カタログの内容分析にあたって，この２つの百貨店に焦点を当て，詳細な分析を行うことにする。また，経時的に変化を捉えるために，1990年代の３年間（1996年から1998年まで）とその20年後の３年間（2016年から2018年まで）の中元カタログを用いることにする。

第2節　髙島屋のケース

（1）　1996年から1998年までの３年間

　まず，カタログの構成であるが，髙島屋が中元好適品として位置づけている贈答商品は「ローズギフト」と呼ばれている。「バラの花」といえば，髙島屋をすぐ思い起こすほど，髙島屋のシンボルマークとなっている。このシンボルマークを最初に起用したのは，昭和27年であった。現在，髙島屋が人気ブランドの定番商品の中から厳選した商品のことを「ローズギフト」と呼んでいる（髙島屋, 2018）。

　髙島屋の中元カタログの構成は大きく３つに分けられる。最初は「特徴ギフト」で，その年の傾向や話題性を提供している。最後の部分は商品別に詳細に掲載されている。中間の部分にはローズギフトの紹介が掲載されている。

　次に，キャッチフレーズと広告文についてであるが，カタログの最初に掲載されているキャッチフレーズと広告文は，次の通りである。

　1996年に「ごぶさた続き」，「いかがお過ごしですか」，1997年に「感謝の気持ち」，「ご挨拶にふさわしい」，「季節を楽しむ」，1998年に「夏のごあいさつ」，「こころ豊か」などが挙げられる。

　これらのキーワードからわかるように，髙島屋は「お中元」が夏のご挨拶であることを強調し，ご無沙汰になっている人とのコミュニケーションを果たすものと主張したり，中元を贈ることとは，お世話になった方へのお礼であると訴求したりしていた。夏という季節にふさわしい贈答機会であることの大切さをとくに強調していたということが窺える。

　さらに，ローズギフトの品目数は，1996年の330から1998年の600へと全体的に年々増えていた。価格帯は，1,600円から30,000円の間に幅広く設定

されていたが，徐々に3,000円と5,000円の商品に集約されてきたことが確認できる。

3,000円と5,000円の価格帯において，具体的な商品内容をみると，1996年は，洗剤やタオル，ソックスなどの商品が先頭に来て，そのあとに食料品という順番であった。1997年からはビール・ジュース，お菓子，コーヒー・紅茶などといった食料品が先に紹介されるようになった。食料品が中元贈答にふさわしいアイテムとして強調されるようになったことが推測できる。

（2） 2016年から2018年までの３年間

髙島屋（2016）によると，2005年のお歳暮から，髙島屋のお中元・お歳暮カタログは「美事（みごと）を贈る」という統一したテーマで編集・制作されるようになったという。本物・伝統・上質といった従来の切り口を継承しながら，時代背景や話題性（サステナビリティ，高齢化社会など）を取り入れながら，新たな切り口でも中元商品を提案していくと考えられているようである。

2016年には，定番商品であるローズギフト1,300点に加え，特徴商品を前半で紹介されていた。特徴商品では，「料理と器」，斬新さや驚きのある美味を「挑む」，髙島屋限定の涼味「アイス系商品」，および世界で愛される美味「タカシマヤワールドグルメ」という４つのテーマで展開されていた。本カタログで約2,000点が掲載され，平均単価は約4,400円となっていた（髙島屋，2016）。

2017年にも，ローズギフト1,300点を紹介しつつ，特徴商品を提案した。特徴商品には，「風土とフード　～郷土の新名物をつくりたい～」，「フォトジェニックフード　～思わず写真を撮りたくなる～」，「定番メニューの新しい，意外な食べ方のご提案」などのテーマで中元商品が集められてい

た。商品の点数および平均単価は前年同様な水準を維持していた（髙島屋，2017）。

2018年も，ローズギフト1,300点を据え置きにしながら，特徴商品を紹介した。「至高の美味」，「名店とともに」，「6次産業化を新しいパワーに」，「ヘルシー・ナチュラル」などが特徴商品のテーマとして挙げられていた。商品の点数も平均単価も3年間，ほぼ同レベルであった（髙島屋，2018）

20年のスパンで髙島屋の中元カタログの内容においてどのような変化があったのかをみてきた。その中で，「夏のご挨拶」という中元の位置づけは変わっていないが，より消費者の価値観を反映したものや，贈り手のセンスやこだわりが感じられる商品などを提案するようになり，中元というフォーマルな儀礼的贈答からカジュアルギフトの位置づけへと重点シフトが進んできたことがわかった。

第3節　阪急百貨店のケース

（1）　1996年から1998年までの3年間

阪急百貨店は1996年から「阪急ベストギフト」を特集しはじめた。いままで雑誌ムードを強く打ち出していたカタログから一変して，中元選びに役立つようにとの配慮から編集の仕方が変わった。人気のベスト商品の抽出方法としては，前の年の中元贈答品センターからベスト20をランキングし，上位ベスト10については1つのアイテムに20の商品を特選し，また11位から20位についてはアイテムごとに10の商品を特選するという（阪急百貨店中元カタログ，1996年版）。

阪急百貨店中元カタログの構成はおおよそ「特集ギフト」，「阪急育ち」，「ベストギフト」，「アイテム別」という4つの内容に大きく分けられている。

「特集ギフト」で，その年らしさを提案する。阪急ならではのギフト商品は「阪急育ち」で集められ，最後の部分は商品別に詳細に掲載されている。「みんなに喜ばれている」売れ筋上位の商品が「ベストギフト」で紹介されている。

　キャッチフレーズと広告文についてであるが，キャッチフレーズは毎年，「贈る人にうれしい　贈られる人はもっとうれしい　阪急からのお中元」で統一されていた。広告文では，1996年に「ご期待の，上にまいります。期待どおりだね，はうれしいです。期待以上だね，はもっとうれしいです」，1997年に「いいものがくると，いいことがきます」，1998年に「ア，夏がきた」などの文言が盛り込まれていた。

　阪急百貨店のカタログで掲載されたこれらのキーワードから，中元贈答品に込められた感謝や挨拶の意味などは強く主張されていることがわかる。先述した髙島屋のカタログ編集方針とは異なってはいるが，1995年以降髙島屋のカタログでみられるような夏にふさわしいギフト選びの大切さをアピールするという傾向とよく類似している。ギフトそのものへのこだわりや，相手に喜んでもらう気持ちにこだわる姿勢を強く打ち出していることがわかる。

　次に，ベストギフトに掲載されていた品目数について，1996年は300品目，1997年は200品目，1998年は200品目となっていた。髙島屋に比べ，やや少なめであったが，その価格帯は，2,000円から30,000円の間に幅広く設定され，髙島屋と同様，3,000円と5,000円の商品の割合が最も集中していることがわかる。

　これらの結果から，阪急百貨店も髙島屋と同様に，中元の売れ筋商品（ベストギフト）においては，価格と品目数は一定の幅に収まってきたことが窺える。

（2）　2016年から2018年までの3年間

　阪急百貨店の中元カタログにおいて，1990年代のものと比較して，一番大きく異なったのは，夏の人気ギフトを集めた赤いギフトカタログと独自性が高い商品を揃えた青いギフトカタログに分かれたことである。赤いギフトカタログの掲載商品は，早期割引の対象となるが，青いギフトカタログの掲載商品は値引きしない（阪急百貨店中元カタログ，1996年版）。

　キャッチフレーズは1996年の『贈る人にうれしい　贈られる人はもっとうれしい』から，2016年になると「贈りもの，わたし流。」へと変更になっている。2017年も2018年も同様なフレーズを採用している。中元市場が縮小傾向にある中，従来の儀礼的贈答というイメージから脱却し，パーソナルギフトへのシフトを試みようとしていることが読み取れる。古くからの贈答習慣である中元に使われる定番商品だけではなく，より贈り手のセンスやこだわりに沿った個性的な中元商品を提案しようとしていることがいえよう。

　具体的には，青いギフトカタログには，「味わって，楽しんで。」，「日本の美しき食文化」，「阪急限定ギフト」，「発見！うまいもの」といったテーマのもと，こだわりギフトを求める贈り手のニーズを意識した中元商品が多く取り揃えられている。たとえば，「味わって，楽しんで。」では，料理研究家白井操おすすめのベストコレクション，「日本の美しき食文化」では，SAKE大使　平出淑恵セレクトの銘酒特集，「阪急限定ギフト」では，お店やメーカーと一緒に企画した阪急だけの商品，「発見！うまいもの」では，取り寄せて食べたかった有名な料亭や専門店の商品が数多く取り上げられ，個性を重視する消費者のニーズに応えようとしていることが窺える。

　一方，赤いギフトカタログは，髙島屋同様，3,000円と5,000円の価格帯を中心に，ビールやそうめん，スイーツなど夏の定番商品を1,000点展開している。

第4節　発見事項の要約

　本章では，カタログの内容における変化を経時的に分析することによって，百貨店が中元商品に対する捉え方は，日本の「伝統的な慣習」や感謝や挨拶の意を込めた「人と人とのコミュニケーション」の潤滑油という位置づけから，次第に「夏の挨拶」という位置づけへと移行しつつあることが窺える。儀礼という枠にとらわれず，カジュアルギフトとしてのイメージを定着させようとしている意図が読み取れる。定番商品は，価格も品目数もほぼ一定規模に集約されてきたということも確認できた。この時期の新聞広告からの分析結果を本章の中元カタログの内容分析結果と比較したが，全体的な傾向についてはさほど大きな違いはみられなかった。

　百貨店は，時代とともに変化する消費者のニーズを踏まえた商品を提案したり，消費者の反応をみながら，カタログの内容に変更を加えたりしていたことが確認できた。しかしながら，文化のダイヤモンドでいう文化の表象体である中元商品の変容は，百貨店が一方的に主導権をとった働きかけによるものだと考えてよいのであろうか。この問題については，文化のダイヤモンドでいうもう1つの頂点である消費者がどのように中元文化の変容にかかわってきたのかを第7章でみていくことにする。

第7章

雑誌『主婦の友』からみる
中元言説の形成プロセス

第1節　はじめに

　本章の目的は，中元文化がいかにして時代の経過とともに社会に定着してきたのかを，雑誌記事の内容分析という手法を用いて明らかにすることである。

　今日では，中元を含む贈答はいつ，誰に対して行うべきか，贈るならどのようなものがふさわしいかといった贈答に関する多数のパターン化された知識が，社会の中で共有されているものと考えられる。

　こうした消費における社会的価値を分析するにあたって，マスメディア上の情報といったコミュニケーション・コンテンツを用いることが有効であるとされる（Riffe et al., 2013; 訳書, 2018）。メディアでの報道内容は，われわれのものの見方や考え方を反映したものであり，メディアに現れた情報は社会で共有された認知を反映する「鏡」であると捉えようとするものである（Riffe et al., 2013; 訳書, 2018; 松井, 2013）。また，石田（1999）によれば，現代文化研究の課題は，「文化はメディアによって構成される」ということを示すだけでなく，「それがどのように構成されるのか」，そして「文化によって私たち自身がいかなる存在としてつくりだされるのか」ということを明らかにすることをも含んでいるという。さらに，文化の存立は，「メディア」による問題構制がその中核に位置するものとして考えられる（吉見, 2000b）。

　また，消費者の中元ギフトに関する意識と行動調査では，主婦の過半数が毎年，中元を贈るという回答が得られている（日本食糧新聞社, 2017）。このことから，中元文化の担い手として，主婦がきわめて大きな役割を果たしているということが推測できる。

　そこで，本章では，中元文化をめぐる共有された認知がどのように成立したのかという問題に注目し，メディアにおいてこの文化変容についてど

のように解釈されたのかを明らかにしたい。分析の対象となるメディアとして，中元贈答の主な担い手とされる一般主婦を読者層として想定されていた『主婦の友』を取り上げることにする。

『主婦之友』は1917（大正6）年2月14日に創刊されている。また，1953（昭和28）年に月刊誌『主婦之友』は『主婦の友』（以下，『主婦の友』）に名称変更された後，2008年に休刊した。創刊当時に想定されていた読者はサラリーマン家庭の主婦層が中心であった（木村，1989）。

『主婦の友』は，大正デモクラシーを経て，戦中・戦後の復興期，高度経済成長期において，一般家庭の主婦が社会生活に適応していくための指南役として位置づけられた雑誌である。そのため，大正時代から時系列に沿って中元に関する言説を考察できるものとして，『主婦の友』を取り上げるのは妥当であると考えられる。

以下，『主婦の友』に掲載されていた中元に関する記事に焦点を当てて，中元文化に対する社会的記述がどのように醸成されていたかを考察することにする。

第2節　雑誌『主婦の友』における中元記事の内容分析

中元記事が『主婦の友』にはじめて登場したのは創刊から1年後の1918（大正7）年7月号であった。東京女子高等師範学校（現お茶の水女子大学）学長，湯原原一の「中元の贈答を廃止すべし」という見出しの記事であった。湯原は，贈答用の品物が年々高額になり，金額の高低によって礼の厚薄を示す現状を嘆いていた。さらに，当時，社会問題化していた収賄事件を取り上げて，「人を罪に陥れるかもしれない贈答は廃止すべき」だと主張していた。

次に登場したのは1916（大正15）年7月号で「中元の贈物は何にいたし

ませう」という記事である。5人の婦人記者がそれぞれ設定した贈答のシチュエーションに合った贈り物を紹介したものである。たとえば，「女学校二年の親戚の娘へ　ガラス製インクスタンド」や「初めて洋服を着る田舎の妹へ　メリヤス製ブルーマ」など，婦人記者がいま贈りたい相手に喜ばれそうな贈答品をリストアップするという特集であった。

　昭和に入って最初の記事は1930（昭和5）年7月号の「家庭向の実用品の中から選んだ，気の利いた御中元の贈答品」であった。それまでは舶来品を推奨していたのに対し，この記事では中元に国産品を使うことを提唱していた。記事では，写真がふんだんに使われており，カタログ形式で中元商品が紹介されていた。この記事が掲載された当時，百貨店が価格帯による中元贈答品の分類法を導入していた（島永，2018）。この記事でも中元贈答品を紹介するにあたり，「二圓以下」，「三圓前後」，「五圓前後」という分類法を取り入れていた。このことから，社会的には価格帯による中元贈答品の分類法が定着していたことが推測できる。掲載されている商品の種類としては食器や調理器具などの日用品や玩具が比較的多くみられる。

　中元記事は戦中・戦後の混乱期にはまったく姿を消していた。当時の流行語にもなった「もはや戦後ではない」からおよそ2年前の1954（昭和29）年7月号になって，再び中元が取り上げられるようになった。「ご予算で一目にわかる　御中元用贈答品調べ」では，贈り先別と価格帯別という2つの軸を用いて中元贈答品が分類されていた。贈り先では，「殿方向」，「御婦人向」，「学生向」，「一般御家庭向」に分かれている。価格帯では，200円前後から5,000円以上に幅広く設定されている。5,000円以上の商品にはカメラ，電気洗濯機，ラジオ電蓄，ミキサー，扇風機などのような家電製品が多数紹介されている。当時の百貨店の新聞広告にみられた品揃えとほぼ一致していることがわかる（島永，2018）。さらに，「お中元のエチケット」では，「日に日に追われて暮らしていますと，お世話になった方への心づかいなど，ついなおざりになりがちです。お中元の習慣は感謝の心

をあらわすよい機会です。ただ形式をくり返すのではなくあたたかい心を
こめた贈り物をいたしましょう。」と示されている。

1956（昭和31）年7月号「お中元をどうしていますか」では，100人の
主婦を対象に中元に関するアンケートを実施し，その調査結果が掲載され
ていた。たとえば，「お宅ではお中元をどうしていますか。」という質問項
目に対し，「しない」と答えた人は100人中の19人で，すると答えた人は
100人中の65人で，「やめたい」と思っている人は16人という結果であった。
また，「どの範囲の方々になさいますか。」という質問に対しては，夫婦の
両親と子供の学校や稽古の先生，医師などが多く挙げられていた。1件あ
たりの金額は100円から3,000円位までが相場となっている。「どんなもの
が喜ばれますか。」では，相手の生活や趣味を考えて，真心こもった贈り
物をして喜ばれる傾向があるという結果が報告されていた。記事では中元
はもはや単なる形式的な儀礼とはいえなくなったとの記述がみられた。「デ
パートや店からの，便りもない送りつけの品物は，お義理だけが感じられ
ていやという声が多い」という主婦の意見も紹介されていた。現在の中元
をめぐる贈り手の悩みと共通する一面がみられた。

1958（昭和33）年7月号に「中元のプレゼントのヒント集」が掲載された。
3人の主婦（一人はサラリーマンの奥様で，一人は商店のお宅の奥様，一人は
農家の主婦）を対象とした質問形式の記事であった。このうち，サラリー
マンの奥様の場合，手製中心主義であり，商店のお宅の奥様の場合，見か
けより実質主義であった。他方，農家の主婦は「一日お中元品作り」であ
った。

1960（昭和35）年7月号「贈り物にも知恵と真心を」の記事では，中元
の儀礼的な交際に悩む夫婦の話が紹介されている。彼らによると，毎年ボ
ーナスから相当額な贈答費が支出されており，中元をやめるか否かを検討
はするものの，結局中元をやめられないという。その背景として，百貨店
など商業者が行う宣伝によって，「中元はするもの」という暗示を受けて

しまうという。記者は，中元は虚礼であるから，廃止すべきだと考えているが，一方で，中元には日頃の御無沙汰をおわびし，その方に喜ばれそうな品を持っていくのは決して虚礼ではないという意見にも一理あるとの立場に立つ。そのため，贈り物にも真心を込めて，知恵を働かせることの重要性を説いている。

1961(昭和36) 年7月号に「お中元もアタマしだい」というタイトルで，中元にもらってうれしかったもの，贈って喜ばれたものについて主婦の体験が紹介されていた。中元の贈り方といった情報を消費者に提供しようとしていたことがわかる。この時期の百貨店の新聞広告では中元にはアイデアが必要ということが言及されており（島永, 2018)，この記事でもそういった言及がみられる。

東京オリンピックの年, 1964(昭和39) 年7月号の「お中元にアドバイス」の記事で，百貨店で中元を購入する際の注意点が掲載されていた。調味料や清涼飲料など無難なものに集中するので，売場が混む場合が多い。ウィスキーやビールなどのアルコール類を安易な気持ちで贈っても，相手には喜ばれない可能性があると書かれていた。また，当時の百貨店では詰め合わせで贈るギフトセットを中元好適品として推奨されていたが，記事では，趣味性の強い服装品等，簡単にセットされては，もらう側で顔をしかめることもあると指摘されている。当時，百貨店は中元の新しい贈り方として提案していたギフトセットは，すんなりと定着していなかった様子が窺える。

高度成長期にあたる1967（昭和42）年の7月号は，いままでにない中元大特集が組まれている。「若奥さまのためのお中元のマナー」という題のもと，15の疑問に答えるというQ&A形式で中元に関する慣習が紹介されている。中元の由来や贈るタイミング，贈る相手，具体的な商品，相場など，中元贈答に関する経験の浅い主婦に手本になるような項目が列挙されていた。さらに，広告とタイアップした，有名人の「私が選んだお中元用

品」も数多く掲載された。作家，女優などの有名人を起用し，メーカーブランドつきのポートワイン，ガラス食器，スウェーデンクリーナー，石けん，調味料などの商品を中元好適品として紹介している。

1968（昭和43）年7月号には「特集・若奥さまのお中元作戦」では，中元の歴史，関西と関東の違いといった基本知識をまず紹介し，「奥さまがたからのお中元レポート」，「お中元エチケットコーナー」，「喜ばれるお中元作戦」といった実例を取り上げ，中元の現状をわかりやすく分析している。主婦からの中元レポートでは，実用性を追求するグループと，レジャー用品，香水やアクセサリーなどの趣味性の強い贈答品が好まれるグループと分けられていることが報告されていた。

1969（昭和44）年7月号には「18人の奥様のお中元報告集―もらって，贈って，うれしかったもの，困惑したもの」の特集で，全国の主婦の声が収録されていた。「一泊家族招待券」や「孫の肩もみサービス券」などの楽しいアイデアをはじめ，欲しかったものの自分ではなかなか買えないものが贈られてきた喜びの声とともに，毎年夏がけ布団が届けられてうんざりしている人，多すぎる清涼飲料水に悲鳴をあげている人など，さまざまな意見が紹介されている。

1970（昭和45）年の7月号には「子どもの先生，主人の上役へのお中元を考える」というタイトルが登場し，70人の主婦と先生，上役夫人の体験談から社会における中元贈答の現状が紹介されていた。贈る側ともらう側のそれぞれの立場から，中元贈答に関する悩み解決の糸口を提供しようとしていた。

1971（昭和46）年7月号には「喜ばれるお中元は」という記事では，衣料品や電気器具のようなものまで中元贈答に使われている世の中では，本当に喜ばれるものが紹介されていた。「郷里の特産品」や，「一定の品にきめて」，「組み合わせで変化を」，「手作りの品を添えて」などのように，何を贈るかという紹介より，贈り方についてアドバイスしている。たとえば

百貨店の中元用ギフトセットは便利だが，自分の個性を出せるように自分で選んで詰めてもらうという方法が紹介されていた。

1972（昭和47）年7月号の「お中元のマナーとトラブル」の記事では，中元の予算が年々多くなる時代にトラブルが起きないように，社会で活躍している有名人の体験を中心に，上手な中元の贈り方とマナーが紹介されている。しかも，「この種のトラブルは，表面には出にくいので，おつきあいに微妙なひびを入れることも多い」と指摘されている。

1973（昭和48）年7月号の「喜ばれるお中元のための20章—あなたの心とセンスを伝えるために—」の特集では，贈られる立場から集めた生の声をもとにまとめた中元の20のポイントが掲げられていた。具体的には，章立ての形式を用いて，中元の贈り方や商品選びなど詳細に提言していた。この特集の内容から，おそらく当時中元贈答が定着していたものの，贈り方やマナーなどの面では一般常識があまり普及しなかったことが推測できる。20章の章立てという方法を用いて，中元の贈り方を整理しているという特徴がみられる。たとえば，贈る時期から，贈る中身，包装の強みなどまで助言している。包装にはもちろん包装紙のことも含まれるが，中元贈答に百貨店の包装紙が必要であるということに肯定的な意見を示している。

1974（昭和49）年7月号では，「頭を悩ます先生へのお中元」というテーマで，一般読者参加型の特集を組んでいる。会社や学校での虚礼廃止や贈答の禁止が，当時はまだ定着しておらず，贈るべきかどうかを思い悩んでいた主婦が多かったようである。有名人ではなく，同じ立場にいる身近な存在である一般主婦の声を紹介することで，読み手にとってより情報源の信ぴょう性が高いものにしようとしていたことがわかる。

1975（昭和50）年7月号の「物価高時代のお中元作戦」というタイトルからもわかるように，50年代に入ると物価高の影響を受けて個人の中元は減少しはじめた。その影響で，中元記事も，「7月の家事」の中で軽く取り扱われる程度になった。「お中元だから，高いお金をかけて，新しいも

のを買わなくても，あるものを工夫して，上手に利用する」として，「心とアイデアで贈る」ことが「高物価時代に暮らす知恵」と提言している。

1979（昭和54）年のミニ特集で，「一口にお中元とはいえ，時代とともに中身や贈り方も少しずつ変わってきている」ということで，「お中元のマナーとアイディア」が紹介されていた。「何を贈るか？」に対し，ごく一般的な日用品や，相手の好みに合わせたパーソナルギフト，健康や核家族の時代を反映したもの，産地直送型，相手の立場を尊重した商品券やギフトカードの活用などが選ぶポイントとされていた。

1980（昭和55）年の「7月の家事」で，「ことしの夏は心に響くお中元を」という記事が紹介されていた。ここでも主に品選びのポイントに関する内容であった。たとえば，「実用性があってセンスのよい品を」，「食品はくせのないものを選ぶ」，「贈る場合は送り状を添えて」といった注意点を主張していた。

1986（昭和56）年7月号では，「新感覚のお中元にぴったり！　いま話題のギフト券情報」というテーマで，毎年マンネリ化されがちな中元贈答品について，時代のはやりを反映したギフト券の提案をしている。さらに，贈り手や受け手の好みに沿ってそれぞれのギフト券の特徴が細かく紹介されている。

1987（昭和57）年6月号では，「アイデアいっぱいお中元　ことしの得情報」を特集し，カタログギフトや各地の名産・特産品などこれまでとは違った中元贈答品が提案されている。さらに，アンケート調査の結果を紹介する形で，最新中元事情を詳しく説明している。贈答意向や平均金額・件数，中元の人気商品がまとめられている。このことから，中元贈答のパターンについては，ある程度社会に根付き，慣習化されていることが推測できる。

1992（平成4）年7月号では，これまで中元記事の総まとめとして，「『主婦の友』75年に見るお中元の変遷」を特集している。メディアとしての『主

婦の友』が中元贈答をどのように扱ってきたのかを，時代に沿ってコンパクトにまとめられている。具体的に，大正時代では，金額でなく相手を思う心の大切さを伝えた記事が多く，昭和初期には，現代にも通用する写真カタログが初登場した。昭和20年代では中元記事が一時期姿を消し，再登場したのは昭和29年であった。昭和40年代になると，高度成長の波に乗り，中元特集も黄金時代だったという。昭和50年代以降，中元贈答の減少傾向や核家族の増加，消費者の健康志向などといった時代の変化を反映した内容を特集で多く扱われるようになった。

　1995（平成7）年7月号の「暮らしの知得メモ」では，中元を贈るときのノウハウの紹介ではなく，中元を受け取ったときの「お中元のお礼状の書き方」のポイントが紹介されている。

　その後，中元に関する記事が大幅に減少し，2003（平成15）年7月号では，「『自分がもらってうれしいな』って思える品物を選んで贈るように」という程度の特集にとどまっている。

第3節　発見事項の要約

　ここでは，雑誌『主婦の友』が創刊されてから休刊になるまで，中元に関する記述を一通り確認したが，それらの記述を通じて明らかにした中元言説の変遷について整理したい。

　『主婦の友』では，当初こそ，止めるべきであるといった主張が掲載されていたが，その後は，「中元贈答はするもの」ということを前提として，記事が組まれるようになった。その中で，家庭をもつようになると，夫の上役などには中元をするものであり，問題はいかによい（受け手に喜ばれる）贈答品を選ぶか，贈答をする際のマナーといったテーマの記事が掲載されている。

　その中で特筆すべき点は，以下の通りである。

　まず，中元贈答文化の普及度合いに合わせ，発信源の選定がそのつど行
われていたことである。中元文化に関する知識があまり知られていなかっ
た時代には，有名人の発信源効果を利用して有名人の薦めによって一定の
贈答パターンが提案された。中元文化の知識が社会である程度共有された
時代では，より身近な一般読者の声が取り上げられ，情報の信ぴょう性を
担保しようとする意図が窺える。

　そして，価格帯による中元商品の分類が記事の中でも取り入れられたと
いうことは，百貨店が採用した価格帯による中元贈答品の分類法が社会に
定着したということを意味する。価格による贈答品に対する判断は消費者
には受け入れられたとも考えられる。

　また，1950年代後半から百貨店の新しい贈り方として推奨された詰め合
わせで贈るギフトセットに対し，記事では便利という点では同意している
が，趣味性の強いものはセットには不向きであるということが主張されて
いる。さらに，百貨店のギフトセットの考え方は採用するが，個性を出し
たい人向けに自分で詰めるという方法もあることが紹介されていた。

　さらに，記事の中で包装の重要性も主張していた。これは中元贈答にお
いて，贈答品が中身だけでなく，外見である百貨店の包装紙にこだわる必
要があるという慣習の定着化に一役を買ったと考えられる。

　このように，『主婦の友』で取り上げられた記事の中身は，消費者の中
元に関する認知度合いとともに大きく変化させていた。高度経済成長期に，
多様な商品を紹介する記事が現れたのは象徴的であるといえよう。もちろ
ん，このような記事は，広告収入の面からの要求もあったのであろうが，
そのような記事を読者が欲していたことの反映でもあったはずである。ま
た，昭和50年代以降，物価高や経済の低成長といった要因の影響を受けて，
消費者が中元の予算を減らしたり，商品を絞り込んだりしたことを示して
いる。しかし，それにもかかわらず，ほとんどの消費者が中元自体を止め
てしまわなかったのは，『主婦の友』が代表とするメディアでは，どのよ

うな商品が中元贈答品として適しているのかといった具体的な内容を変容させながら，贈答自体を続行させる意味や価値観を提案し社会で共有され続け，消費行動に大きい影響を与えたからであると考えられる。

このように『主婦の友』で取り上げられた中元に関する消費者の発言や行動，すなわち言説は，メディア・コミュニケーション研究の観点から考察してみたい。Hall（1982; 訳書，2002）はマス・コミュニケーションの過程を「意味づけをめぐる政治」として再構成し，そこでは支配的な意味づけの生成・権力作用を説明するだけでなく，支配的な意味づけの変容可能性が強調された。そして，山腰（2017）はこの「意味づけをめぐる政治」が次の3つの特徴をもつとされる。すなわち，第一に，社会において特定のイデオロギーに関する「合意」が成立することで，支配的な意味づけが可能となるということである。第二に，そうした支配的な意味づけは，「常識」として機能することで，多くの人々が「当たり前のもの」「自然なもの」と見なす言説が編制・再生産されるということである。第三に，それにもかかわらず，こうした支配的な意味づけは常に対抗的なコードによって読み換えられる可能性に対して開かれているということである。

この視点を借用し，中元言説の構成プロセスについて説明を試みる。戦前から百貨店が中心となって構築してきた中元贈答文化が徐々に社会に受け入れられ，浸透していき，一部の消費者が百貨店によって提唱された中元贈答のタイミングに従い，百貨店が推奨する中元商品を日頃付き合いのある人々に贈答するということを実践していた。この過程で，贈答品は，かつては衣料品や身の回り品といった実用品から，現在では食料品への変化がみられる。メディアで特集として取り上げ，社会で一定の合意に達し，現在でもかなりの割合の人々がこの支配的な意味づけに従って中元を実践していると考えられる。

当然ながら，記事にも現れているように，一部の消費者の意見として中元そのものまでは否定しないものの，百貨店が提案する中元好適品をその

まま贈ることには抵抗を覚えているようである。「個性を表現する」ことや「あの人」とのコミュニケーションといった形で，趣向を凝らした商品を贈ることで，あるいは商品は普通のものでも訪問して手渡したりすることで，単に儀礼的制度や百貨店のマーケティングに従って中元贈答を実践しているのではないという行動をとっているものと考えられる。

　一方，贈答の「賄賂性」やコミュニケーションに「商品」を介在させることを批判し，中元贈答自体をやめるべきであることを主張する記事が存在した。「商品では心がこもらない」あるいは「あいさつは訪問や手紙でできる」と中元贈答に拒否反応を示している。

　このように，歴史研究で明らかになったのは，中元文化について支配的な意味づけが構築され，支配的な意味づけについて常に対抗的なコードによって読み換えられてきた。この結果，長期的に，中元文化は変化を遂げながら，その支配的な力は社会に適応しつつ，維持し続けていた。それ故に，常に非常に高い割合の人々が中元を「贈って当然」のものと受け取る状況がつくり出されてきたと考えられる。

　本章は，日本で広く行われている儀礼的贈答行動の代表である中元文化に焦点を当てて，中元言説の形成プロセスを明らかにしようとしたものである。中元贈答は，一種の文化実践である。歴史的文脈やメディアによる操作といった要因を考慮しなければ，中元の制度化，パターン化プロセスを理解することは困難である。文化を所与とするのではなく，さまざまな意図や実践が相互作用しながら中元贈答が多くの人にとって「常識」「当たり前のもの」として機能してきたことが明らかになったのは本章の貢献といえよう。

中元文化をめぐる言説の変容

―新聞記事のテキストマイニングを通じて―

第1節　はじめに

　本章の目的は，新聞記事のテキストマイニングという手法を用いて，中元文化に関する言説がメディアでどのように解釈され，正当化されていくのかについて，その意味構造や変化のプロセスを明らかにすることである。

　通常マーケティング論において，消費現象に対してなされる説明枠組みの多くは，消費者主権や顧客志向を反映して，消費者起点の説明枠組みが提起されることが多い（松井，2004）。

　しかしながら，消費財の誕生とともに生じた多くの意味は，消費者向けのゲートキーパーの存在によってさまざまに解釈，取捨選択され，消費者に方向づけを行う人を経て，最終的に個々の消費者に伝達されるとされている（Solomon, 1988）。McCracken（1986）は，文化が意味を供給することによって構成される世界を「文化的に構成された世界」と表現している。

　こうした消費社会で共有されている意味価値の形成を分析するにあたって，マスメディア上の情報といったコミュニケーション・コンテンツを用いることが有効であるとされる（Riffe et al., 2013; 訳書, 2018）。メディアでの報道内容は，私たちのものの見方や考え方を反映したものであり，メディアに現れた情報は社会で共有された認知を反映する「鏡」である，という捉え方である（Riffe et al., 2013; 訳書, 2018; 松井, 2013）。

　本章では，儀礼的贈答行動の代表である中元文化を題材として取り上げ，中元を通して消費文化をめぐる言説がどのように変容していったのかというプロセスを追うことにする。「中元」に関連した意味構造の変化を把握するために，新聞記事に現れた言説を分析対象とする。新聞というメディアを採用する理由は，新聞は，広く一般化された読者を対象としているため，新聞というメディアの歴史的な分析を行うことで，消費実践について社会的に共有された意味を見出すことができるからである（松井，2013）。

第2節　朝日新聞における中元記事の内容分析

　時系列に沿って中元に関する記事がどのようなものであったかをレビューするために，日本での販売部数上位を占める一般紙である朝日新聞を取り上げることにする。以下，戦後，朝日新聞に掲載されていた中元に関する記事の具体的な内容に焦点を当て，中元文化に対する記述にどのような変化がみられるかを考察することにする。

　1951（昭和26）年7月23日付の朝日新聞の記事では，「お中元の品選び」と題して，中元贈答品を選ぶ際のポイントを紹介している。この中では，まず第1に，「贈り物はいうまでもなく先方の事情や気持ちを知って，心のこもった品でありたい。」と指摘している。それに続けて，「つぎに，品物の質をよく見て贈ることだ。すぐこわれたり，ダメになることのないように，注意が肝心だろう」としている。これは，当時中元贈答品の中心が衣料品や身の回り品であったことを反映していると考えられる。そして第3に，「贈ってよろこばれ，もらって重宝なものとなると，それぞれ家庭によって違うだろうが，売れ行きからみてよろこばれるものは，だいたいに季節的な消耗品といえよう。」と当時の百貨店が広告宣伝文で強調していた内容を取り上げている。第1のポイントである「心」という点を百貨店が広告で主張しはじめたのは，1951年以降のことである。

　1955（昭和30）年7月6日付の朝日新聞の記事では，「デコボコの中元景気」と題して，デフレ政策の影響で不況期であった当時の中元時期の状況を紹介している。「デパートの中元売出しや，特売合戦は激しい」が，デフレの影響で，「中元用の贈答品も一品当りの値段では去年よりだいぶ落ちている」と，消費者が経済的な条件で中元贈答品を選んでいることが推測できる。

　1958（昭和33）年7月7日付の朝日新聞の記事では，「街にみる中元景気」

と題して，神武景気後の「ナベ底不況」であった当時の中元時期の状況を紹介している。記事では，売れ行きのよい贈答品は「ますます実用化し，すぐに役立つもの，ムダにならないもの」であるとして，第1が食料品，次いで衣料品であると記している。反対に「かんばしくないのはせっけん，クツ下，浴衣といったところ」とし，クツ下が不人気な理由を「『戦後強くなったのは女房にクツ下』というわけで，どの家庭にも手持ちがどっさりであきられてきた」からだと説明している。しかし，当時の百貨店の新聞広告では，石けんやクツ下，浴衣類は中元贈答品として薦めていたことから，百貨店が好適品と思われるものと消費者の思惑との間にずれがみられることがわかる。

1961（昭和36）年7月16日付の朝日新聞の「中元大売り出し　景気は上々」という記事では，好景気の時代の中元贈答の変化を，「空前の『消費ブーム』に乗って」中元贈答品の売り上げは好調であり，とくに「商品のなかでは『デラックス』，『レジャー』，『インスタント』といった流行語に縁の深いものが人気を呼んだ」と紹介している。その時期に，百貨店の新聞広告のキャッチフレーズをみても，「デラックス」という言葉がよく使用されていた。

1963（昭和38）年6月26日付の朝日新聞には，「みんなで考えよう　お中元」という特集記事が掲載されている。この記事には，教師や上司への中元贈答を取り上げ，「それぞれなにがしかの感謝の気持ちはこめられているにせよ，純粋さに欠けている。その中心にあるのは贈ってさえおけば，なにか都合のいいことがありそうだという『期待』以外のなにものでもない」あるいは「今日，お中元の贈答行為は，人間の善意をかくれミノに，送り主PRの色彩を，ますます濃くしつつある」として「わびしいイヤな話」だと書かれている。中元文化に対し，批判的な立場にいる消費者層の意見が取り上げられていることがわかる。

1964（昭和39）年7月1日付の朝日新聞の「低調な中元景気　消費支出

の型かわる」という記事では，この年の6月の主な百貨店の中元販売伸び悩みの原因の1つとして，消費者が「ボーナスなどの収入がふえたが，経済界の不況を警戒する気分が強まっており，それに新潟地震で『不時の災害に備えねば』との意識が加わった」ことによって消費行動が大きく変わったことを挙げている。

1966（昭和41）年6月4日付「中元商戦　前景気は上々」という記事では，前年の中元商戦の不調の理由は，「若い人たちの間では，中元に贈り物をする気風が薄れる傾向にある」と分析している。そこで，百貨店の対応として，「『サマー・ギフト』などと，片カナで新鮮な感じ？　をねらう店がふえている。逆に『中元』を強調して巻き返しをはかる店もある」と紹介し，マンネリ化しつつある中元に対して百貨店が対策を図ろうとしていることがわかる。

1967（昭和42）年7月27日付「『重宝してます』お中元」という記事では，数人の有名人がもらって重宝している贈答品を紹介している。実用的な「夏がけふとん」，気が利いている「巻いたタオル」，「小型卓上ジャー」，アイデアがある物として「棒アメ型の石けん」，「折りたたみ式小物入れ」を紹介している。定番商品である食品以外に，実用性の高い商品が提案されていることがわかる。

1970（昭和45）年5月18日付「中元商戦スタート　輸入品ふえ，多様化」という記事では，「万国博の年というので，ことしは各デパートとも輸入品が中元の『目玉商品』。同時にこれまでの実用品中心から趣味的な要素をとりいれたユニークな商品をふやすなど，中元商品もぐっと多様化の傾向が出てきた。」と紹介され，中元贈答品が多様化，個性化の傾向にあることがわかる。

1971（昭和46）年7月20日付「猛暑さまさま　夏物商戦」という記事では，「ほとんどの百貨店はこの18日までに中元セールを終わり，引き続き『暑中見舞いセール』といったキャンペーンに移っている」と紹介し，中元商

戦が長期化しつつあることがわかる。さらに「今年の中元商戦の大きな特
徴は『物ばなれ』現象が出てきたことだ。つまり，これまでのように，品
物だけでなく，レジャーや自然を」贈られるようになったと紹介されてい
るように，中元贈答においてもコト消費の動きがみられるようになった。

1977（昭和52）年5月14日付「ピンとこない感じ… 中元商戦始まる」
という記事では，早くも中元の内見会がはじまったことを紹介し，「一方で，
相手の家庭を考え，一番ふさわしい品物を贈ろうとの傾向も年々強まって
いる。」と指摘している。中元贈答において，贈答品およびその選択基準
が変わりつつあることが読み取れる。

1979（昭和54）年6月26日付「本格化した中元商戦」という記事では，
各百貨店が消費の個性化に合わせ，「贈答品の七，八割は食料品だが，消
費者側に『他の人とは違うものを贈りたい』という個性化が強まっている
ため，各店とも特色あるギフト商品の開発に力を入れている。」といった
試みを紹介している。さらに，「メーカーお仕着せの箱詰めではなく，店
独自の判断でいろいろなメーカーの商品を一つの箱に詰めたものもふえて
いる。」という百貨店の工夫も紹介している。

1981（昭和56）年5月28日付「中元商戦アツアツ 知恵しぼる百貨店」
という記事では，この年の中元贈答品は，例年通り食料品が主力になると
予測したうえで，「一方で，高級化，個性化志向も強まりそうで，百貨店
側も対応に知恵をしぼっている。」と伝えている。さらに，百貨店側の意
見として，中元は「コミュニケーションの手段の一つとして新しい形で定
着化」しているので，景気にかかわらずこの2，3年間伸び続けていると
している。

1981（昭和56）年7月16日付「『雨のち晴』の中元商戦」という記事では，
この年の特徴として，中元売出しの期間中に売上が伸びたことが挙げられ
ている。その理由として，「①西日本では七月後半から八月にかけてが中
元本番期に入る②帰省客の需要が大きい③暑中見舞いの形で八月になって

から贈る人がふえている」と説明している。①と②は従来から変更がない
ことから，③による消費者の贈答行動の変化と，百貨店が贈答期間を延長
したことが大きな理由ではないかと考えられる。

1984（昭和59）年6月10日付「中元も『遊び心』が今日風」という記事
では，消費者が「モノよりサービス，それに古里，自然志向」といった傾
向を強めるのに対応して各百貨店がさまざまな工夫を行い，特徴ある中元
商品を提案していることを紹介している。

1991（平成3）年5月16日付「お中元，ことしは夫益型バブルはじけア
イデア物や超高額品退場」という記事では，消費ブームに火がついた4，
5年前から売り出された「ランバダ演奏サービス」や「ゆかた姿の女性が
中元配達」など派手な企画で客受けを狙った百貨店の中元面白セールが，
バブル経済がはじけたとたん，姿は消したという。アイデア商品撤退につ
いて「百貨店側も消費ブームを促すために，奇抜な企画を打ち出し過ぎた
傾向があった」と百貨店側の反省も紹介している。

1991（平成3）年6月28日付「お中元，食品に『1極集中』グルメ反映
し売上高の9割超える」という記事では，「豊かな時代。贈り物はすぐな
くなる食料品が無難」と，「生鮮食品やビール，外国の高級し好品などを
中元に選ぶ客が増えている」と紹介している。百貨店の食料品が中元売上
高の9割に膨れ上がりそうだと予測している。「10年前は8割程度だったが，
80年代に多くの百貨店が『グルメの時代』を強調，産地直送便や輸入食料
品の企画を次々と打ち出した結果，食品への1極集中となった」と百貨店
側の分析を紹介している。

2005（平成17）年6月18日付「お中元，個人客狙え　法人離れの中，商
戦開始」という記事では，法人需要が落ち込み，家庭でも贈答の風習は薄
れつつある中，品揃えやサービスで独自性を出すのに限界があり，百貨店
各社は，夏場最大の商戦において難しい時代を迎えていると指摘している。

2009（平成21）年6月1日付「『割安』『高級』二極化　百貨店お中元商

戦」という記事では，法人利用が減り，消費が冷え込むなか，割安な商品を増やす店がある一方，国産の高級食材など「価値」を打ち出す店もあるといった手探りの「二極化」が進む様子が窺える。

2015（平成27）年5月23日付『中元『家族・友人』志向　百貨店，個性的商品競う」という記事では，上司や取引先への儀礼的な贈り物よりも家族や友人への贈答が目立っているという近年の傾向を取り上げている。百貨店各社は，好みをよく知る相手には個性的な商品を贈りたいという新たな需要に応えるために，品揃えへの工夫がなされていることがいえよう。

2017（平成29）年6月13日付「お中元商戦，若者に照準　ＳＮＳ『写真映え』／自分買い」という記事では，友人へのプレゼントや自分で食べる「自分買い」も増えていることが紹介され，「お中元」の意味合いも時代とともに変わりつつあることがわかる。

2019（令和元）年5月28日付「令和初のお中元，安く・手軽に　1千円台から，ネットでも」という記事では，百貨店各社は，お中元を買ったことがない人を取り込むためにカジュアルなギフトに力を入れたり，ＳＮＳで写真映えする商品を充実させたりして工夫していることが明らかになった。

2020（令和2）年6月4日付「感染予防，試食中止・ネット販売強化　品揃え，各地の特産品で旅行気分　中元商戦にも変化」という記事では，コロナ禍の中，新しい生活様式に対応した百貨店やスーパーの中元商戦の様子が窺える。

以上のように，時系列で新聞記事の内容を詳細に調べた結果，中元に関連した意味構造は固定化されたものではないことが明らかとなった。時代とともに変化し，新たに生み出された意味を多くの人に共有されることで，新しい構造として形成されていくプロセスが確認できた。

第3節　新聞記事のテキストマイニング

　第2節では，新聞記事の具体的な内容を確認してきたが，中元に関連し
た意味構造の変化を把握するために，テキストマイニングという分析手法
を用いることにする。分析の詳細は次の通りである。

　新聞社間の比較ができるように，日本において販売部数上位を占める一
般紙である読売新聞と朝日新聞の2社を取り上げることにする。分析期間
は，読売新聞のデータベースが電子化された1987年から直近の2019年まで
の33年間，朝日新聞のデータベースが電子化された1985年から直近の2019
年までの35年間である。ここでは，読売新聞は「ヨミダス歴史館」，朝日
新聞は「聞蔵ビジュアル」を用いてそれぞれ記事検索を行った。「中元」
というキーワードを含む記事についての検索を行った。抽出された記事の
すべての記事を確認したうえで，「中元」にそぐわないものはすべて排除
した。最終的に残った読売新聞記事247件，朝日新聞記事226件を分析対象
とした。

　言説の変容プロセスを明確に分析するために，時代の背景を参考に，分
析期間を以下の4つの時期に分類した。すなわち，1985年から1990年（バ
ブル期），1991年から2001年（バブル崩壊後の低迷期），2002年から2007年（経
済回復期），および2008年から2019年（リーマンショック後）の4つの期間
である。

　図表8-1は，記事件数の推移を表しているものである。中元に関する記
事の件数は，年代とともに，徐々に減少してきていることがわかる。中元
が社会における位置づけが，時代とともに少しずつ変化してきていること
が推測できる。

　さらに，中元文化の意味構造を明らかにするために，テキストマイニン
グによる分析を行った。テキストマイニングには，樋口耕一氏によって提

● 図表8-1　中元に関する記事件数の推移

読売新聞				
掲載年	1987～1990	1991～2001	2002～2007	2008～2019
総件数	20	108	50	60
平均件数（年）	5.0	9.8	8.3	5.8
朝日新聞				
掲載年	1985～1990	1991～2001	2002～2007	2008～2019
総件数	41	80	44	61
平均件数（年）	6.8	7.3	7.3	5.1

出所：筆者作成。

供されているフリーのテキストマイニングソフトであるKH Coderを使用
した。

　以下，それぞれの期間に分けて，抽出単語数および語と語の関係性を表
す共起ネットワーク分析の結果について詳しくみていくことにする。

（1）　抽出単語数の比較

　記事に出現回数が上位となったものをリストアップしたのは，**図表8-2**
である。

　これによると，全体を通して，「百貨店」という単語が頻繁に記事に現
れていることがわかる。現在，中元を購入できる場所は，百貨店に限らず，
スーパーやコンビニなど多岐にわたっている。にもかかわらず，百貨店の
みが上位に登場するのは，中元といえば「百貨店」というイメージが社会
に共有され，すっかり定着しているということがいえよう。メディアもそ
の印象操作に寄与していると見なせる。

● 図表8-2　全体の「中元」記事における単語数（出現回数上位となったもの）

読売新聞				朝日新聞			
単語	出現回数	単語	出現回数	単語	出現回数	単語	出現回数
中元	700	ネット	123	中元	706	本店	111
商品	607	本店	103	商品	528	注文	98
ギフト	499	無料	100	百貨店	401	個人	88
百貨店	438	価格	99	商戦	386	無料	83
商戦	421	食品	99	ギフト	372	各社	80
売上	236	サービス	81	売上	242	販売	75
贈答	221	送料	76	贈答	200	セット	70
ビール	186	包装	76	ビール	163	需要	67
セット	150	割引	74	法人	156	送料	67
法人	124			消費	149		

出所：KH Coderの出力結果をもとに筆者作成。

　また，期間ごとの集計結果を図示したのが**図表8-3**である。期間ごとに詳細にみていくと，バブル期（1985～1990年）には，雰囲気の演出や話題性の提供が必要だったためか，「好調」や「目玉」といった用語がよく使われていた。その後，「送料無料」，「早期割引」といった中元贈答に付随した周辺サービスを指す単語がよく使用されていることがわかる。さらに，2008年以降は，「インスタ映え」，「自宅需要」といった中元の本来の儀礼的な意味からかけ離れた要素が追加されている。

● 図表8-3　期間ごとに「中元」記事における単語数（出現回数10以上）
〈1985年から1990年〉*

読売新聞				朝日新聞			
単語	出現回数	単語	出現回数	単語	出現回数	単語	出現回数
ギフト	77	消費	19	中元	138	人気	41
中元	63	セット	18	商品	128	セット	36
商品	46	輸入	17	ギフト	115	企業	29
百貨店	40	売上	16	商戦	84	目標	24
ビール	38	ボーナス	14	百貨店	84	個人	19
贈答	34	高級	10	ビール	77	好調	18
商戦	27	価格	10	消費	73	ボーナス	15
人気	20	食品	10	売上	62	産地	15
				伸び	49	コーナー	13
				贈る	46	価格	13

＊読売新聞は1987年から1990年。

〈1991年から2001年〉

読売新聞				朝日新聞			
単語	出現回数	単語	出現回数	単語	出現回数	単語	出現回数
中元	298	無料	59	中元	266	配送	32
商品	222	スーパー	46	商品	182	内覧	28
百貨店	215	個人	44	ギフト	177	贈る	28
ギフト	208	セット	37	百貨店	174	食品	27
商戦	195	簡易	32	商戦	143	産地	22
売上	113	送料	32	売り上げ	88	包装	21
法人	86	ボーナス	27	センター	54	外商	19
ビール	75	ネット	34	企業	53	価格	17
消費	74	環境	25	消費	48	出陣	17
贈答	70	全国	25	個人	43	低迷	17
人気	69	直送	21	ビール	42	不況	16
包装	66	内覧	21	無料	42	目玉	16
配送	61	外商	11	人気	39	スーパー	15
				セット	37	実用	15
				食料	35	産直	11
				景気	33	特産	11
				送料	32	バブル	10
				法人	32	環境	10

〈2002年から2007年〉

読売新聞				朝日新聞			
単語	出現回数	単語	出現回数	単語	出現回数	単語	出現回数
中元	136	早期	22	中元	129	個人	19
商戦	93	セット	22	商品	73	ビール	17
ギフト	88	高級	22	商戦	68	人気	16
百貨店	75	安全	21	贈る	60	法人	16
インターネット	43	健康	20	百貨店	55	早期	14
贈答	40	定番	16	ギフト	51	割引	14
食品	31	個人	15	売り上げ	29	贈答	14
人気	27	産地	15	無料	28	上司	13
無料	27	法人	13	送料	26	好調	11
送料	25	スーパー	12	センター	25	景気	11
売上	25	有機	11	需要	21		
サービス	24	ボーナス	10				

〈2008年から2019年〉

読売新聞				朝日新聞			
単語	出現回数	単語	出現回数	単語	出現回数	単語	出現回数
中元	203	セット	45	中元	173	ネット	21
商品	202	売り場	42	商品	145	自分	19
ギフト	136	ビール	37	商戦	91	セット	16
百貨店	108	自宅	36	百貨店	88	早期	16
商戦	106	需要	36	売り場	76	食品	15
贈答	74	自分	34	ギフト	58	映え	12
贈る	52	カタログ	32	売り上げ	50	価格	12
売上	48	高級	20	贈答	38	傾向	12
ネット	46	映え	10	ビール	27	定番	11
				割引	25	無料	11
				自宅	22	家族	10
				カタログ	21		

出所：KH Coderの出力結果をもとに筆者作成。

（2）共起ネットワーク分析

　上記の結果から，中元の意味構造には，一貫して持続されてきたイメージがある一方，本来の中元の意味から分化された形で社会において新たに共有されるようになった部分も存在していることがわかった。

　特定の言葉がどんなイメージを伴って登場するかを分析し，その関係性を視覚化するために，共起ネットワーク分析を行った。まず，全体的な傾向を表しているのは**図表8-4**である。各キーワードを囲む円の大きさは，出現頻度を表している。したがって当然，「中元」というキーワードが大きく表示されている。

　図表8-4から，全体の傾向として，「百貨店，ギフト，商戦」，「法人，個人」，「サービス，送料」といった構図が浮かび上がっている。

　さらに，各時期の共起ネットワークをもとに，中元をめぐる意味構造の変化を捉えることにする。**図表8-5**は，期間ごとの結果を表しているものである。

　図表8-5から，「百貨店，ギフト，商戦」といった全体の傾向に加え，1985年から1990年までは「セット，産地」，1991年から2001年までは「個人，

● **図表8-4　「中元」記事における全体の共起ネットワーク**

〈読売新聞〉　　　　　　　　　　　　〈朝日新聞〉

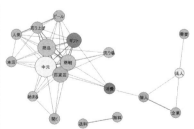

出所：KH Coderの出力結果をもとに筆者作成。

法人」,「送料」,2002年から2007年までは「早期割引,送料無料」,2008年から2019年までは「自分,自宅」,「インターネット」といった新たな意味が創出されていていることがわかる。

● 図表8-5　期間ごとに「中元」記事における共起ネットワーク
〈1985年から1990年〉*

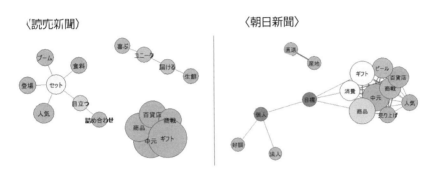

〈読売新聞〉　　　　　　　　　　〈朝日新聞〉

＊読売新聞は1987年から1990年。

〈1991年から2001年〉

〈読売新聞〉　　　　　　　　　　〈朝日新聞〉

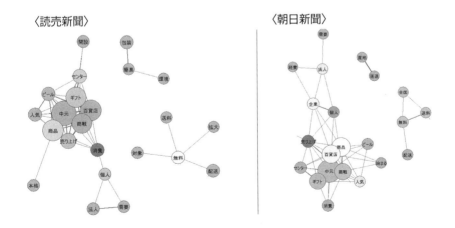

〈2002年から2007年〉

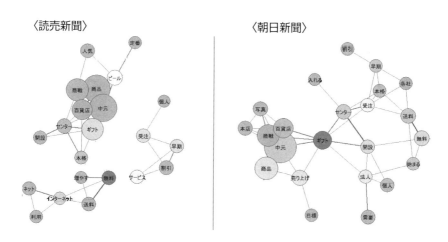

〈2008年から2019年〉

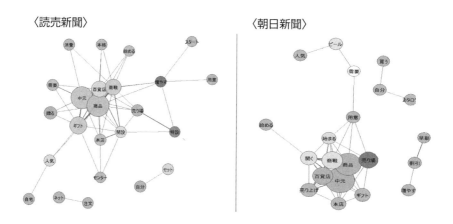

出所：KH Coderの出力結果をもとに筆者作成。

第4節　発見事項の要約

　上記の分析結果から，新聞記事における「中元」の意味の変化について，**図表8-6**の通りに表すことができる。

　新聞記事に関するテキストマイニングを行ったが，読売新聞と朝日新聞との間で大きな相違が見受けられなかった。分析から得られた結果をまとめると，2つの発見事項を指摘することができる。

　1つ目は，中元の法人需要から個人需要へのシフトである。これまでの法人需要と個人需要の2本立てから，2000年頃からは，法人需要との結び付きが弱まり，個人需要とのつながりが強調されるようになった。さらに，自分へのご褒美として自分に中元を贈るという自分需要も中元の意味構造に加わるようになった。

　2つ目は，中元に対して消費者が抱く儀礼的なイメージが徐々に薄れてきたことである。とくに2008年以降，インターネットが急速に普及してきたこともあって，これまでの中元の堅苦しいイメージから，SNSやインスタ映えなどエンターテインメントの要素も新たに追加されるようになった。

● 図表8-6　新聞記事における「中元」の意味の変化

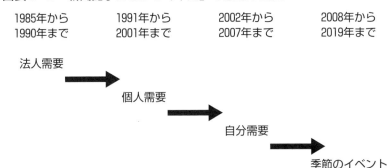

出所：筆者作成。

本章は，中元をめぐる言説の変容について，テキストマイニングの手法を用いて，その意味構造の変化を分析した。結果からは，中元という贈答文化の意味が時代とともに変わり，その変化が多くの人に共有されることで，中元に対する認知も新たに構成されていることが示唆された。消費文化理論の諸研究が指摘するように，文化はメディアによって構成されるのであれば，文化を所与ないし固定的に扱うのではなく，さまざまな影響によって構成され変化していくのだという視点をもつことの重要性が改めて確認された。今後，消費者・企業・メディアの三者の相互作用に着目し，消費文化がどのように制度化していくかについて研究をさらに深めていく必要があると考える。

第 9 章

本書の結論と課題

本書は，消費文化とマーケティングとの関係性について理論的かつ実証的に明らかにすることを目的とするものであった。具体的には，消費文化理論に依拠し，年中行事の1つである中元贈答が文化としてどのようにつくられ，変遷してきたかについて，歴史的かつ定性的な研究を行った。本章では，発見事項の要約と今後の課題について述べることにする。

第1節　各章の要約

　まず，各章の発見事項は以下の通りである。

　第4章では，明治後期から大正にかけて，三越百貨店のPR誌を考察の対象として中元に関する記述の分析を行った。この考察の結果，百貨店は中元市場の形成に大きく寄与してきたことがわかった。百貨店は，その誕生期から長年にわたって中元贈答に適した商品を提案し，PR誌を通じて積極的に中元市場に働きかけを行ってきたことが明らかとなった。

　具体的には，日本で百貨店が登場する以前の江戸時代までは，中元の好適品としてそうめんや砂糖を贈ることが一般的であった。そこで，江戸時代までの従来の慣習に対して，新たに登場した百貨店はこうした商品に奥ゆかしさや目新しさが欠けていると考えた。そこで，百貨店は，中元贈答品として，「体裁がよく」，「喜んでもらえる」，「真心のこもった」などのものがふさわしく，こうした特徴を備えた商品を提案するようになった。

　百貨店は，前述のような中元市場に対するアプローチを通じて，新規商品の販売だけでなく，自社の多様な商品を贈答品として提案するようになっていった。たとえば，百貨店は，当初は中元贈答を新規商品である商品切手の販売機会として捉え，消費者に訴求していた。ところが，時代が進むにつれ，百貨店は自社で取り扱う商品を中元の贈答品として幅広く提案するようになった。百貨店は，商品を提案するにあたり，自社の販売基準

だけでなく，消費者の反応も取り入れつつ，最適なものを模索していた様子が窺える。また，百貨店は価格帯ごとに商品をラインナップすることによって，消費者は価格帯を判断基準として贈答品を選択することが可能となった。

第5章では，筆者は，百貨店の中元広告を対象に，第二次世界大戦後53年間にわたる広告の掲載内容を分析した。この分析の結果，百貨店は世の中の社会的・経済的変化の影響を大きく受けながら，新聞への出稿時期や出稿回数，掲載商品の中心価格帯，掲載品目数，掲載商品のカテゴリー，およびキャッチフレーズなどを大きく変化させてきたことが明らかとなった。

また，百貨店は終戦直後から，消費者調査を通じた中元贈答品の模索を行ったり，現在も百貨店でみられるギフト・センターを開設したり，包装紙の宣伝を行ったりすることによって，中元市場に働きかけを行った。百貨店は，このようなマーケティング戦略を通じた活動により，現在にいたる中元市場の変容に大きな貢献を果たしてきたことが浮き彫りになった。

第6章では，筆者は百貨店の中元カタログの内容分析を行った。この分析の結果，百貨店が認識する中元贈答の消費者への訴求ポイントは次のように変容してきたことがわかった。すなわち，百貨店は中元を，感謝の意を込めた「人と人とのコミュニケーション」の潤滑油という位置づけから，夏の挨拶やカジュアルギフトという位置づけへと重点移行しつつあることがわかった。同時に，中元贈答では，掲載商品の価格帯も品目数もほぼ一定の範囲内に収束してきたということも確認できた。

第7章と第8章では，百貨店以外に分析対象を拡張し，マスメディアである雑誌や新聞を考察対象として中元に関する記事の内容分析を行った。

この分析の結果，高度経済成長期には多様な商品を紹介する記事が多くみられることがわかった。昭和50年代以降になると，物価高や経済の低成長などのあおりを受けて，消費者は中元の予算額を削減したり，商品を絞り込んだりする様子が取り上げられていた。

また，消費者は前述の百貨店のアプローチに対し，無批判に受け入れるだけの存在ではないことも明らかとなった。すなわち，消費者は価格帯を贈答品の判断基準とした百貨店の提案や百貨店の包装紙による梱包を好意的に受け入れる一方で，詰め合わせセットを推奨する百貨店の姿勢に対しては疑問を呈していたこともあった。したがって，消費者は，贈答市場を通じて百貨店と絶えず対話をしながら，中元の消費パターンを自ら構築・形成していったのではないかと考えられる。

第2節　本書の結論と今後の課題

　第1節は，各章の発見事項の要約であるが，本書を通じた主張内容は以下の通りである。

　第1に，消費文化理論の第1領域でいう消費者のアイデンティティでは，消費者のアイデンティティの物語を構築するにあたって，消費者自身だけではなく，市場のつくり手でも大きな役割を果たしているとされる。消費文化理論の第2領域である市場文化で想定されている消費者は，文化の生産者であるとされる。

　本書では，現在の中元贈答パターンは，昔からあったままの固定的なものではないことがわかった。すなわち，今日における中元贈答の文化は，中元市場のつくり手である百貨店によってつくり上げられた部分が大きいことが本書での考察から確認できた。具体的にいえば，百貨店は中元市場に積極的に働きかけを行うことによって，ギフト商品が開発され，流通し，消費されてきた。その過程で，中元文化に関するパターン化された知識が社会の中で共有されるようになった。百貨店のマーケティング戦略は，中元文化を制度化，パターン化する過程において，重要な役割を果たしたといえよう。

　また，消費者も文化の生産者で，解釈の主体として発信された規範的な

メッセージを解釈し，新たな意味創出活動を担おうとしたことが明らかになった。社会に生きている人々は，消費行動や解読過程を通して，中元文化にまつわる新たな知識を生み出し，取り込んでいく姿が浮かび上がった。

このようなダイナミックなプロセスが，歴史的な視点から，関連する多様なテクストを分析することによって明らかにされたのである。

第2に，Gramci のヘゲモニー論を援用し，これまでの消費者の言説を3つに分類した。すなわち，①支配的な位置にある人たち，②折衝的な位置にある人たち，および③対抗的な位置にいる人たちである。

まず，①支配的な位置にある人たちは，中元時期を守りながら百貨店が推奨する中元商品を日頃付き合いのある人々に贈答する消費パターンを実践している消費者層である。現在でも，中元贈答において百貨店が多く利用されていることからみて，かなりの割合の人々がこの位置にいる層であると考えられる。

次に，②折衝的な位置にある人たちは，中元そのものまでは否定しないものの，中元好適品を百貨店の言うがままに贈答商品として選択することに対しては抵抗感を抱く消費者層である。すなわち，彼らは自身の中元贈答の消費パターンを単なる儀礼的慣習として実践しているわけではなく，百貨店のマーケティング活動による働きかけに対し批判しながら受け入れている層であることが考えられる。

最後に，③対抗的な位置にいる人たちは，中元文化そのものを否定的に捉えており，贈答の賄賂性やコミュニケーションにギフト商品を介在させることに批判的であり，中元贈答自体の廃止を主張する消費者層である。

このように，贈答市場には，こうした異なる3つの層の消費者がいることになる。このうち，百貨店は，多くの場合，折衝的な位置にある人たちの意見や志向を取り込もうとしてきた。その上で，百貨店は，支配的な位置にある人たちの消費パターンが主流となるような中元文化，すなわち，文化制度を再構築するような中元文化へと働きかけを行ってきたものと解

することができる。

　第3に，消費文化理論で指摘されているように，消費文化とは，多数の
マーケティング・システムによって媒介され，社会に形成される消費にか
かわる文化のことである。文化は，あらかじめ所与として存在するもので
はなく，ある社会や集団の中で学習され，共有されたパターンであるとい
える。消費者は，文化の構成要素を変更したり，除外したり，あるいは新
たな要素を付加したりすることで，その意味を変更し，あるいは新たな意
味をつくり出したりすることができる。

　したがって，中元文化を自明なものとするのではなく，さまざまな意図
や実践が相互作用しながら，中元文化が社会制度として構成されていくと
いう視点を導入することが重要である。その中で，百貨店によるマーケテ
ィング活動が中元文化に大きな影響を与えてきたといえよう。

　最後に，消費文化論関連の諸研究が指摘するように，消費者の消費行動
において「文化」が重要な役割を果たしているとするならば，それを所与
ないし固定的に扱うのではなく，さまざまな影響によって構成され変化し
ていくものとして捉える視点が重要であると考える。これが本書を通じて
筆者が主張したい点であり，学界に対する研究上の貢献をなすものである
といえよう。

　本書では，主に新聞広告や雑誌などといった従来型のマス媒体を用いて
考察を行ってきた。しかしながら，2000年代以降，新聞や雑誌のような紙
媒体の発行部数が全体的に減少傾向にある中で，中元商品の購入先もリア
ル店舗から徐々にネットへと大きくシフトするようになった。こうした傾
向は，コロナ禍の影響を受けて，ますます加速するものと考えられる。し
たがって，新聞や雑誌というテクストからの研究や分析だけではやや不十
分という限界が残されている。今後はメディアの対象を広げ，ネット販売
の実態も含めて，消費文化についてさらに分析を精緻化する必要がある。

参考文献

【欧文献】

Afuah, A. (2004), *Business models : a strategic management approach*, McGraw-Hill/Irwin.

Arnould, E.J. and C.J. Thompson (2005), "Consumer Culture Theory (CCT): Twenty Years of Research," *Journal of Consumer Research*, 31 (4), pp.868-882.

Banks, S.K. (1979), "Gift-Giving: A Review and an Interactive Paradigm," *Advances in Consumer Research*, 6(1), pp.319-324.

Belk, R.W. (1976), "It's the Thought that Counts: A Signed Digraph Analysis of Gift-Giving," *Journal of Consumer Research*, 3(3), pp.155-162.

Belk, R.W. (1979), "Gift-Giving Behavior," *Research in Marketing*, 2, pp.95-126.

Belk, R.W. (1995), "Studies in the New Consumer Behaviour," in Miller, D., *Acknowledging Consumption: A Review of New Studies, Routledge*, pp.58-95.

Belk, R.W., M. Wallendorf, and J.F. Sherry (1989), "The Sacred and the Profane in Consumer Behavior: Theodicy on the Odyssey," *Journal of Consumer Research*, 16(1), pp.1-38.

Caplow, T. (1982), "Christmas Gifts and Kin Networks," *American Sociological Review*, 47(3), pp.383-392.

Caplow, T. (1984), "Rule Enforcement without Visible Means: Christmas Gift Giving in Middletown," *American Journal of Sociology*, 89(6), pp.1306-1323.

Cheal, D.J. (1986), "The Social Dimensions of Gift Behaviour," *Journal of Social and Personal Relationships*, 3(4), pp.423-439.

Giesler, M. and C. J. Thompson (2016), "Process Theorization in Cultural Consumer Research," *Journal of Consumer Research*, 43(4), pp.497-508.

Goodwin, C., K.L. Smith and S. Spiggle (1990), "Gift Giving: Consumer Motivation and the Gift Purchase Process," *Advances in Consumer Research*, 17(1), pp.690-698.

Griswold, W. (1994), *Cultures and Societies in a Changing World*, Pine Forge Press. (小沢一彦訳『文化のダイヤモンド』玉川大学出版部, 1998年)。

Hall, S. (1982), *The discovery of 'ideology': return of repressed in media studies.* (藤田真文訳「『イデオロギー』の再発見：メディア研究における抑圧されたものの復活」『リーディングス政治コミュニケーション』谷藤悦史・大石裕

編, 一藝社, 2002年)。

Hirschman, E.C. and W.R. Stampfl (1980), "Roles of Retailing in the Diffusion of Popular Culture: Microperspectives," *Journal of Retailing*, 56(1), pp.16-36.

Hirschman, E.C. and M.B. Holbrook (1982), "Hedonic Consumption: Emerging Concepts, Methods and Propositions," *Journal of Marketing*, 46(3), pp.92-101.

Holbrook, M.B. and E.C. Hirschman (1982), "The Experiential Aspects of Consumption: Consumer Fantasies, Feelings and Fun," *Journal of Consumer Research*, 9(2), pp.132-140.

Langley, A. (1999), "Strategies for Theorizing from Process Data," *Academy of Management Review*, 24(4), pp.691-710.

Levi-Strauss, C. (1965), "The Principle of Reciprocity," *Sociological Theory*, Coser, L. A. and B. Rosenberg, eds., pp.84-94.

Mauss, M. (1968), *Essai sur le don, in Sociologie et Anthropologie*, Presses Universitaires de France. (有地亨他訳『社会学と人類学 I』弘文堂, 1973年)。

McCracken, G. (1986), "Culture and Consumption: A Theoretical Account of the Structure and Movement of the Cultural Meaning of Consumer Goods," *Journal of Consumer Research*, 13(1), pp.71-84.

Peterson, Richard A. (1979), "Revitalizing the Culture Concept," *Annual Review of Sociology*, 5, pp.137-166.

Riffe, D., S. Lacy, and F. Fico (2013), *Analyzing Media Messages: Using Quantitative Content Analysis in Research*. (日野愛郎・千葉涼・永井健太郎訳『内容分析の進め方―メディア・メッセージを読み解く―』勁草書房, 2018年)。

Scammon, D.E., R.T. Shaw and G. Bamossy (1982), "Is a Gift Always a Gift? An Investigation of Flower Purchasing Behavior Across Situations," *Advances in Consumer Research*, 9(1), pp.531-536.

Schmitt, B.H. (1999), *Experiential Marketing*, The Free Press. (嶋村和恵・広瀬盛一訳『経験価値マーケティング』ダイヤモンド社, 2000年)。

Sherry, J.F. (1983), "Gift Giving in Anthropological Perspective," *Journal of Consumer Research*, 10(2), pp.157-168.

Sherry, J.F. (1991), "Postmodern Alternatives: the Interpretive turn in Consumer Research," in *Handbook of Consumer Research*, ed. Thomas S. Robertson and Harold H. Kassarjian, Englewood Cliffs, NJ: Prentice-Hall, pp.548-591.

Solomon, M.R. (1988), "Building Up and Breaking Down: The Impact of Cultural

Sorting on Symbolic Consumption," *Research in Consumer Behavior*, 3, pp.325-351.

Sorescu, A, R.T. Frambach, J. Singh, A. Rangaswamy, and C. Bridges (2011), "Innovations in Retail Business Models," *Journal of Retailing*, 87 (Supplement 1), pp.3-16.

Turner, G. (1996), *British cultural studies : an introduction*, Routledge. (溝上由紀他訳『カルチュラル・スタディーズ入門―理論と英国での発展―』作品社, 1999年)。

Tylor, E.B. (1871), *Primitive culture: researches into the development of mythology, philosophy, religion, language, art, and custom*. 2 vols, London. (比屋根安定訳『原始文化―神話・哲学・宗教・言語・芸能・風習に関する研究―』誠信書房, 1962年)。

Wolfinbarger, M.F. (1990), "Motivations and Symbolism in Gift-giving Behavior," *Advances in Consumer Research*, 17(1), pp.699-706.

【和文献】

安達正嗣 (1998),「コミュニケーションとしての贈答行動」『生活文化を学ぶ人のために』石川実・井上忠司編, 世界思想社, pp.168-183。

石田佐恵子 (1999),『有名性という文化装置』勁草書房。

伊藤公雄 (1996),「権力と対抗権力―ヘゲモニー論の射程―」『岩波講座現代社会学 第16巻 権力と支配の社会学』井上俊ほか編, 岩波書店, pp.101-120。

伊藤幹治 (1995),『贈与交換の人類学』筑摩書房。

上野千鶴子 (1999),「『女の時代』とイメージの資本主義―ひとつのケース・スタディ―」『カルチュラル・スタディーズとの対話』花田達朗・吉見俊哉・コリンスパークス編, 新曜社。

上野俊哉・毛利嘉孝 (2000),『カルチュラル・スタディーズ入門』筑摩書房。

植松忠博 (1995),「中元, 歳暮, ボーナス」『神戸大学経済学研究年報』41, pp.29-66。

小川進 (2000),『デイマンド・チェーン経営』日本経済新聞社。

小野正弘 (主幹), 市川孝・見坊豪紀・飯間浩明・中里理子・鳴海伸一・関口祐未編 (2015)『三省堂 現代新国語辞典 (第五版)』三省堂。

鹿島茂 (1991),『デパートを発明した夫婦』講談社現代新書。

株式会社阪急百貨店50年史編集委員会 (1998),『株式会社阪急百貨店50年史』。

神野由紀 (1994),『趣味の誕生―百貨店がつくったテイスト―』勁草書房。

橘川武郎・高岡美佳（1997），「戦後日本の生活様式の変化と流通へのインパクト」『社會科學研究』48(5)，pp.111-151。

木村涼子（1989），「婦人雑誌にみる新しい女性像の登場とその変容—大正デモクラシーから敗戦まで—」『教育学研究』56(4)，pp.331-341。

金顕哲（2001），『コンビニエンス・ストア業態の革新』有斐閣。

桑原武夫（2015），「ポストモダン消費者研究」『消費者・コミュニケーション戦略』田中洋・清水聰編，有斐閣。

桑原渉（2013），『阪急英国フェアの舞台裏』株式会社R.S.V.P.。

小山周三（1997），『現代の百貨店』日本経済新聞社。

小山周三・外川洋子（1992），『デパート・スーパー』日本経済新聞社。

島永嵩子（2018），「百貨店の中元贈答に関する広告戦略—三越を対象とした新聞広告の内容分析—」『神戸学院大学経営学論集』14(2)，pp.69-84。

清水聰（1999），『新しい消費者行動』千倉書房。

杉浦健一（1951），『人類学』同文館。

鈴木安昭（1980），「小売業」『商業論』鈴木安昭・田村正紀共著，有斐閣新書。

総務省統計局（2017），「消費者物価指数年報」（3月31日公表）。

祖父江孝男（1990），『文化人類学入門』中央公論社。

高丘季昭・小山周三（1984），『現代の百貨店』日経文庫。

高嶋克義（2003），「小売業態革新の分析枠組み」『国民経済雑誌』187(2)，pp.69-83。

初田亨（1999），『百貨店の誕生』筑摩書房。

松井剛（2004），「『癒し』ブームにおける企業の模倣行動：制度化プロセスとしてのブーム」『流通研究』7(1)，pp.1-14。

松井剛（2013），『ことばとマーケティング—「癒し」ブームの消費社会史—』碩学舎。

三浦俊彦（2020），「文化とは何か：定義と構造」『文化を競争力とするマーケティング』齊藤通貴・三浦俊彦編著，中央経済社。

南知恵子（1998），『ギフト・マーケティング』千倉書房。

南博（1965），『大正文化』勁草書房。

村岡晋一（2000），「カルチュラル・スタディーズ」『現代思想フォーカス88』木田元編，新書館。

守口剛（2012），「消費者行動研究のアプローチ方法」『消費者行動論—購買心理からニューロマーケティングまで—』守口剛・竹村和久編，八千代出版。

矢作敏行（1994），『コンビニエンス・ストア・システムの革新性』日本経済新聞社。

矢作敏行（2000），『欧州の小売りイノベーション』白桃書房。

矢作敏行（2007），『小売国際化プロセス─理論とケースで考える─』有斐閣。

矢作敏行（2014），「小売事業モデルの革新論」『マーケティングジャーナル』33(4)，pp.16-28。

山腰修三（2017），「メディア・コミュニケーション研究と政治・社会理論」『マス・コミュニケーション研究』90, pp.47-63。

山本武利（1999），「百貨店と消費革命」『百貨店の文化史』山本武利・西沢保編，世界思想社。

吉見俊哉（1996），「近代空間としての百貨店」『都市の空間　都市の身体　21世紀の都市社会学(4)』吉見俊哉編，勁草書房。

吉見俊哉（2000a），「経験としての文化　言語としての文化─初期カルチュラル・スタディーズにおける『メディア』の位相─」『メディア・スタディーズ』吉見俊哉編，せりか書房。

吉見俊哉（2000b），「メディア・スタディーズのために」『メディア・スタディーズ』吉見俊哉編，せりか書房。

吉見俊哉（2000c），『カルチュラル・スタディーズ』岩波書店。

吉村純一（2017），「消費文化理論と流通機構の解明」『流通経済の動態と理論展開』木立真直・佐久間英俊・吉村純一編，同文舘出版。

若月紫蘭（1992），『東京年中行事 下の巻』大空社。

【Webサイト】

AGF, 2007,「ニュースリリース」(https://www.agf.co.jp/company/news/2007-05-17-336.html［2020年9月28日アクセス］)。

エイチ・ツー・オー リテイリング株式会社, 2012,「ニュースリリース」(2012年9月12日)。

J.フロントリテイリング, 2011,「2011年アニュアルレポート」。

J.フロントリテイリング, 2014,「ニューズリリース」(2014年8月5日)。

J.フロントリテイリング, 2017,「2017年2月期決算説明会資料」。

髙島屋, 2016,「News Release」(2016年5月16日)。

髙島屋, 2017,「News Release」(2017年5月11日)。

髙島屋, 2018,「News Release」(2018年5月8日)。

電通, 2020,「2019年 日本の広告費」(https://www.dentsu.co.jp/news/release/2020/0311-010027.html［2020年9月30日アクセス］)。

日本百貨店協会公式サイト (https://www.depart.or.jp/store_sale/［2020年10月

11日アクセス])。

日本生産性本部「2019年度顧客満足度調査」(https://www.jpc-net.jp/research/jcsi/ [2020年10月11日アクセス])。

マイボイスコム株式会社「お中元に関するアンケート調査（第3回）」(https://www.myvoice.co.jp/biz/surveys/23015/index.html[2020年10月11日アクセス])。

【新聞・雑誌】

主婦の友, 1917年3月号 – 2008年6月号。

日経ビジネス, 2015年6月22日号, p.72。

朝日新聞, 1949 – 2008（朝日新聞縮刷版）。

朝日新聞, 1951 – 2020（朝日新聞縮刷版）。

朝日新聞, 1985 – 2019（朝日新聞聞蔵ビジュアル）。

日経流通新聞, 1998年6月27日付「中元贈られてうれしい店」。

日経流通新聞, 2000年5月4日付。

日経流通新聞, 2012年1月9日付。

日経流通新聞, 2017年1月16日付。

日本経済新聞, 2016年9月6日付。

日本経済新聞, 2020年9月16日付。

日本食糧新聞社, 2017年6月26日付。

読売新聞, 1987 – 2019（読売新聞ヨミダス歴史館）。

【企業刊行物】

株式会社三越PR誌「時好」（明治四十年第五巻第八号）。

株式会社三越PR誌「みつこしタイムス」（明治四一年第一巻第四号）。

株式会社三越PR誌「みつこしタイムス」（明治四二年第七巻第七号）。

株式会社三越PR誌「みつこしタイムス」（明治四十四年号）。

株式会社三越PR誌「三越」（大正四年第五巻第六号）。

株式会社三越PR誌「三越」（大正五年第六巻第六号）。

株式会社三越PR誌「三越」（大正十一年第十二巻第七号）。

三越編, 1990,『株式会社三越85年の記録』三越。

髙島屋中元カタログ, 1996年版; 1997年版; 1998年版。

阪急百貨店中元カタログ, 1996年版; 1997年版; 1998年版; 2016年版; 2017年版; 2018年版。

索　引

【著者紹介】

島永 嵩子（しまなが たかこ）

神戸学院大学経営学部准教授。
流通科学大学商学部卒業。神戸大学経営学研究科博士後期課程修了，
博士（商学）。

〈主要業績〉
「第8章　専門量販店の革新性とその変容」『シリーズ流通体系〈1〉
　小売業の業態革新』中央経済社，pp.201-227，2009年。
「第2章　マーケティング・ミックスによる顧客創造」『1からのマー
　ケティング・デザイン』中央経済社，pp.17-30，2016年。
「第9章　ドラッグストア —薬局のイメージを変えたマツモトキヨシ」
　『1からの流通システム』中央経済社，pp.133-147，2018年。

2021年2月5日　　初版発行　　　　　　　　略称：お中元文化

「お中元」の文化とマーケティング
—百貨店と消費文化の関係性—

　　　　　著　者　Ⓒ島　永　嵩　子
　　　　　発行者　　中　島　治　久

発行所　同文舘出版株式会社
東京都千代田区神田神保町1-41　　　　　　　　〒101-0051
電話　営業(03)3294-1801　　　　　編集(03)3294-1803
振替　00100-8-42935　　　　　　　http://www.dobunkan.co.jp

Printed in Japan 2021　　　　　　　　　　製版：一企画
　　　　　　　　　　　　　　　　印刷・製本：三美印刷
　　　　　　　　　　　　　　カバーデザイン：志岐デザイン事務所
ISBN978-4-495-65008-7